季刊

日本思想史

83

日本思想史懇話会編集

2019

特集　時代区分と思想史

前田勉・高山大毅責任編集

〈揺らぐ〉神代をいかに捉えるか　――本居宣長・津田左右吉・西郷信綱の『古事記』研究をめぐって……冨樫　進――3
中世宗教思想史研究の現在　――「対話」にむけた研究史読解の一過程として……舩田淳一――20
時代区分と天下の大勢――伊達千広『大勢三転考』と内藤湖南……濱野靖一郎――41
「日本思想」における時代区分　――大正十三年から昭和八年までに焦点を当てて……水野雄司――62
一条兼良『日本書紀纂疏』の「離陸」――クニノトコタチをめぐって……徳盛　誠――82
一八〇〇年前後における救済論の質的転回　――三業惑乱、尾州五人男、如来教から……石原　和――103
戦間期日本における「社会」と「政治」　――吉野作造・中島重・蠟山政道を手がかりに……織田健志――124

発行――ぺりかん社

題字―道吉 剛

創刊のことば

　今日、われわれは、われわれの祖先が経験したことのない、世界史的な、変動期にあります。まったく新しい時代の到来する予兆が、われわれの生活のいたるところにそのきざしをあらわしています。過去の権威はくずれはじめ、既往の体験や知識や仮説は通用しなくなりつつあります。われわれのもっている日本の思想史、ひろくは日本歴史に関する、いわゆる常識や定説も、根本的に考えなおす時期にきています。ことにわが国は戦後三十年、一世代を経て、戦争体験のない若い人々の間に、自分の目で、自分の歴史を見なおし、日本人の思想的可能性のゆたかさに接することによって、自分自身の可能性を鍛錬し、現在の思想的呪縛から解放されたいという意向がたかまっています。このさい、ぺりかん社の発意によって『季刊日本思想史』が創刊されますことは、この機運に応じ、この意向にこたえるよい機縁になるものと思います。わたくしたちはこう考えて編集をひきうけることにしました。

　しかし、この雑誌は、日本の思想史はこういう問題意識で、こういう歴史観で研究されなければならない、というような権威的な意図を毛頭もつものではありません。学問・思想は自由であります。この雑誌は、毎号、公募してきたテーマを、毎号ちがった責任編集者両三名の創意工夫によって、一巻一巻ちがった編集方針で編集せられ、さまざまな問題を、さまざまの立場、さまざまのスタイルで書いた論文を載せることになっています。緻密な実証的研究が提供されることもあれば、大胆な仮説が提案されることもありましょう。執筆者も、若い研究者もあれば、年輩の学者もありましょう。ただ、わたくしたちは、この雑誌を学問的であることをくずすことなく、一般の読書人にも楽しいものにしたいと思っています。思想史研究は実証性の乏しいものだという誤解に答えるとともに、日本の思想史はむつかしいものだという通念をただしたいと願っています。そして将来は、責任編集者を日本思想史研究者全体にひろめて、所期の目的を達成するよう、一歩一歩努力してゆくつもりです。この企画が、やや思想的にも人的にも凝固しがちな日本史学界に、清新で、自由な気分を、すこしでも、もたらすことが出来れば、仕合わせに思います。

　この雑誌が継続発展するためには、同人および出版書肆の努力はもとより、日本思想史研究者や一般の良識ある読書人の庇護が必要であります。大方のご援助を願う次第であります。

昭和五十一年七月

日本思想史懇話会同人代表
石田一良

■時代区分と思想史（季刊日本思想史第八十三号）

〈揺らぐ〉神代をいかに捉えるか
——本居宣長・津田左右吉・西郷信綱の『古事記』研究をめぐって——

冨樫進

はじめに

古代に成立した文献のなかでも『日本書紀』（以下『紀』）とならび、『古事記』（以下『記』）ほど様々な分野の研究者によって分析の俎上に挙げられる史料はないであろう。

八世紀初頭に相次いで成立した『記』『紀』のうち、漢籍に依拠する陰陽論的世界観に基づき（本居宣長『古事記伝』）、対外的にも通用する漢文体で記された『紀』は、九世紀初頭から十世紀中頃の宮中において、おおよそ三十年ごとに催された講書（日本紀講）を経て、以後、中近世を通じて正史としての権威をほぼ独占していくことになる。しかし、日本紀講の場における解釈や訓読は、つねに『記』『紀』両書の神話を再編成することによって成立していた。

そのような再編成の過程において、時として本来『記』『紀』のテクスト内に存在しなかった新たな神話言説が生成されていったという事実は[1]、実際は『記』『紀』や諸氏族の古伝承が合糅された結果の産物に過ぎなかった『先代旧事本紀』が、その成立経緯に由来する網羅性のゆえ、宣長によって偽書の判定を受けるまで（『古事記伝』一之巻「旧事紀といふ書の論」）『記』『紀』に先立つ根本聖典として尊重され続けてきたという事実と併せ、当代の知識人たちが「個々のテクストの向こうにただひとつの真実の伝えが存在するという確信[2]」を共有していたことを示唆している。

古代後期から中世にかけて、『紀』の神話を下敷きとしながらも、その内容を換骨奪胎し、自由奔放な再解釈の施された、のちに「中世日本紀」と総称される数々のテキストが出現した[3]。その背景には、伊勢神宮を中心とした神道理論形成の運動が存在するが[4]、寺社縁起や神道理論書・説話集などを媒介に、信仰世界の外部をも巻き込んだ中世神話形成のムーブメントにおいて、『記』の果たす役割も依然として小さくなかったのである。

近世には、出口延佳『鼇頭古事記』(一六八七)や徳川光圀『義公校訂本古事記』(一六九一)といった校本研究の進展や、版本の刊行による『記』テクストの広範な流通・普及を前提に、本居宣長の『記』研究が展開する。宣長は京都への遊学時代に入手した『記』版本と『鼇頭古事記』との校合を行い、さらに師・賀茂真淵の『記』訓読本を借用・参看しつつ、明和四年(一七六七)には『古事記伝』(以下『記伝』)の冒頭四巻を完成させている[5]。村岡典嗣によってアウグスト・ベック提唱のドイツ文献学に準えられ、また、丸山眞男によって(徂徠学とともに)日本思想史上における近代的理性の先駆的成果と見なされた[6]『記伝』は、現代に至ってもなお『記』研究の金字塔として、研究者必読の書に位置づけられる。

しかし、その内容は厳密な意味において、村岡のいうような「あくまで客観的歴史的で、勉めて原書の客観的意義を明らめ[7]」たものというわけではない。

宣長は、旧来の神道家が『万葉集』を学ばず「古への意言」を全く理解しないまま、ひたすら儒仏の教えのみを頼りに合理的な解釈を追究するため、「神典」すなわち『記』に顕れた「いにしへの旨」を決して明らかにし得ないと批判しつつ、「おのがいふおもむきは、ことごとく古事記書紀にしるされたる、古への伝説のまゝ」であり、「もしおのが説をとがめむとならば、まづ古事記書紀をとがむべし。此御典どもを信ぜんかぎりは、おのが説をとがむることえじ[8]」と豪語する。この宣長の発言には、自らの学問が漢意に依拠する旧来の『記』『紀』解釈とは一線を画するものであることへの抜き難い自信とともに、漢意を排除した注釈学的アプローチによって初めて「古事記書紀にしるされたる、古の伝説のまゝ」の「おもむき」、すなわち「神典」に対する真正の解釈が可能になる、という確信が含まれている[9]。

しかし、このような宣長の確信にも関わらず、子安宣邦が指摘するように、『記伝』では「高天原(天)と葦原ノ中国(地)と黄泉国(地底)の三層の世界像を読み出し、万物生成の主である産霊の神を語り出し、皇祖神であり日の神である天照大神の本国である日本の優越性[10]」を『記』に基づいて再構成することで、新たな神話解釈を生み出すこととなった。『記伝』では『紀』神代巻の記述に基づき、「産霊の神」

（高御産巣日神・神産巣日神）および天照大神に対して、もとの『記』テクストには存在しないはずの一神教的性格が、新たに付加されている。漢意の徹底排除を通じて惟神（かんながら）の道の追究を志したはずの宣長が、『紀』を積極的に用いるというのは、一見奇妙なことに思える。

しかし、宣長が批判するのは「只此ノ書紀をのみ、人たふとび用いて、世々の物知リ人も、是レにいたく心をくだきつゝ、（中略）此記をばたゞなほざりに思ヒ過して、心を用ひむ物としも思ひたらず」（『記伝』一之巻「書紀の論ひ」。傍点筆者）という人々の姿勢であり、『紀』の利用そのものを戒めたわけではない。かつての日本紀講や中世日本紀では『紀』が主となり『記』が従となって、新たな言説を再生産していた。宣長の場合、この主従関係が逆転したまでのことであって、『記』『紀』それぞれのテクストの背後に共通する真実の伝え（＝惟神の道）を想定するという意味において、宣長の『記伝』は明らかに古代の日本紀講以来の伝統の上に位置づけられる。

このように、『紀』の記述に立脚した宣長の『記』神代巻解釈は、まさしく一神教である西欧由来のキリスト教をふまえ、『霊能御柱』において最高神・大国主命の主宰する幽冥界を構想した[11]平田篤胤や、篤胤の影響下に成立した数々の『記』解釈において、他国に対する日本の優越を含み込むかたちで、時代毎の課題に応じた独自の神話解釈の再生産の源泉となっていく。[12]

一、本居宣長――『記』と『紀』の合糅

以上、日本紀講が確実に始まったとされる九世紀から、宣長が登場する十八世紀へと至る『記』『紀』受容史を、駆け足で概観してきた。ここで改めて確認しておきたいのは、少なくとも当該期においては、程度の差こそあるものの、常に『記』と『紀』とがあたかも縒り合わせられるかのようにして、相互に依存しながら新しい神話〈解釈〉を再生産し続けてきたという、ある意味で当たり前の事実である。

三浦佑之によると、『記』と『紀』とを一括するという意味で「記紀」という呼称を初めて用いたのは幕末の国学系の人物であり、明治以降、比較神話研究などが日本の学界に紹介されていくのに伴い、「記紀（神話）」という呼称が定着していったという。[13]三浦がとりあげる「記紀」とは、『記』と『紀』が内容的に独立したテクストであるものの、成立時期の近さや内容の上で共通点が多いことを重視し、両者をひとくくりにして表現した語彙である。

これに対して、筆者が問題としたいのは、『記』『紀』テクストの背後に唯一絶対の真実（＝神話／古伝説）が存在するこ

とを前提に、両者を本質的に同一の内容とみなし、合糅することを可能にする営為である。以下、宣長の『記伝』における方法論を題材に、『記』と『紀』の合糅によって生じる神話解釈の問題を明らかにしていこう。

『紀』に代えて「あまりたゞありに飾(カザリ)なくて、かの漢の国史どもにくらぶれば、見だてなく浅々と聞ゆる」(『記伝』一之巻「古記典等総論」)『記』の価値を再発見した宣長であったが、その一方で「上ツ代の清らかなる正実(マコト)をなむ、熟(ウマ)らに見得てしあれば、此記を以て、あるが中の最上(カミ)たる史典(フミ)と定めて、書紀をば、是レが次に立ル物ぞ」(同「書紀の論ひ」)と述べるように、古道探究における『紀』の利用を全面的に否定したわけではなかった。

宣長にとって『紀』とは、「古伝説(いにしへのつたへごと)」に「うるさく言痛(コチタ)き異国(アダシクニ)のさかしら説(ゴト)を仮(カ)り用ひて」「みな凡人(タダビト)の己が心もて、如此(カク)有ルべき理とぞ、おしあてに思ヒ定めて、作れるもの」であった。したがって、「さかしら説(ゴト)」を取り除き、「潤色(カザリ)おほき」文体に惑わされないよう注意深く「訓」むことで、「潤色おほき」『紀』の文面から「上ツ代の意言(こころことば)」を掬い上げて「古の伝説」として復元し、『記』のテクスト上における欠落箇所にそのまま充塡することが可能になると考えられたのである。

宣長が『記』のテクストから見出した産霊神および天照大神の一神教的性格も、漢文体や中国思想によって彩られた『紀』の文脈のなかから切り抜かれた「上ツ代の意言」に対して、『万葉集』(の和歌)表記に用いられた「仮字(カナ)」や祝詞・宣命に用いられた「宣命書(セムミヤウガキ)」——宣命書は漢文体で記されるにも関わらず、れっきとした古語(フルコト)表記と見なされ、『紀』の潤色とは区別される[14]——との照合によって訓釈・語釈が施され、『記』の訓読確定に供されたことで創り出されたものであった。前章において、自身の「学問(ものまなび)」に対する強い自負心の象徴として挙げた「おのがいふおもむきは、ことごとく古事記書紀にしるされたる、古への伝説(ツタヘゴト)のまゝ」「もしおのが説をとがめむとならば、まづ古事記書紀をとがむべし」(傍点はいずれも筆者)という言葉がはしなくも示すように、宣長の古道とは決して『記』のみに依拠するものではなく、「古への正実を記せる」『記』と「潤色(カザリ)の史」である『紀』とがいずれも天武天皇の撰述に拠るものである(『記伝』二之巻「序文の解」)という前提の下、恣意的な史料操作を経て発見されたものであった。

『記』『紀』の原史料に相当する文献が残存しないという状況や、『記』研究史における宣長の画期的な地位を考慮しても、彼が明らかにしようとした古道の本質とそれを求める手法との間に、無視し得ない齟齬が存在していたことは否めない。しかし、このような点を以て、宣長学の方法論的な矛盾や限界をあげつらうのが小稿の目的ではない。さきに挙げた子安の指摘と併せ考えてみると、ここには単なる史料上の制約という次元を超えた、神代解釈に関する本質的な問題が内包されていることに気付くのである。

宣長の『記伝』は、どこまでも客観的かつ歴史的な『記』の解釈（注釈）を志しつつ、結果的に『記』のテクストからは読み取ることのできないはずの一神教的要素を「発見」せざるを得なかった。このことは宣長の国学の限界というよりは、むしろ、それ自体常に〈揺らぎ〉を見せ、客観的かつ歴史的（一義的）な解釈を拒み続けようとする、『記』神代神話の本質的問題であると考える方が、より合理的であろう。『記』と『紀』の合糅に伴って、原理的には新たな言説を無尽蔵に再生産することが可能となる一方で、オリジナルの『記』『紀』テクストを含め、個々の言説の根拠は極めて薄弱なものとならざるを得ず、結果として神話解釈は大きな〈揺らぎ〉を生ずることになる。

水林彪は、『記』研究における自身のアプローチを〈テクスト理解―テクスト解釈―社会把握〉というテクスト認識の三極構造を前提に、「『古事記』に即していえば、この物語りの全体が、八世紀初頭の日本という、特定の時代の特定の地域における人々の営みの所産として、どのような意味をもっていたのかを考えようとする試みである。（中略）神祇令祭祀に限らず、広く、律令国家の形成史とその構造的特質を表象しながら、そのような文脈の中で『古事記』の意義を考えること」であると規定し、「テクストは解釈に対して開かれている」という上野千鶴子や、テクストと解釈者との関係を楽曲と演奏者とのそれに擬える西郷信綱の主張を批判する。[15]

水林によると、『記』テクストの全体的解釈に不可欠となるのは「社会把握」、具体的には律令体制による畿内皇権と畿内在地首長層との〈共同体〉編成が、「中国を中心とする古代帝国主義社会への対応という国際的契機を主要因」に「当時の支配層の共同利害にもとづく共通理念」として浮上してきたことへの着眼である。水林の主張は、当時の皇権（支配者層）に対して突きつけられた、唐帝国中心の冊封体制への対応という課題の存在を考えることなしには、「再構成は、いかようにも媒介され」てしまうという、『記』テクスト構造における一種の脆弱性を的確に指摘した内容であり、この脆弱性にこそ、小稿が問題とする神代巻の〈揺らぎ〉の震源があると考えられる。

テクストを生み出した歴史的／社会的背景から離れることで、新たな言説が再生産されてしまうという現象はいかなるテクストにおいても起こり得るが、俗なる皇権（支配者層）の世界のイデオロギーの拠り所として、聖なる神々の世界の〈物語〉を構築する神話にあって、そのような傾向は特に顕著となる。この点は、次章にて詳しく述べるように、『記』と『紀』とがそれぞれ編纂目的・性質を異にするテキストであることを喝破した津田左右吉が、結果的に両者を合糅したかたちで国家の由来を論じざるを得なかった事情とも関わる問題である。

水林が展開する『記』のテクスト理解については、現時点において検討や評価を行う余裕がなく、小稿での具体的な議論は行わない。しかし、少なくとも、彼によって指摘された『記』の研究史上における問題点、および『記』（をはじめとする「神話」テクスト）が本質的に有する〈揺らぎ〉については、十分に意識しておく必要があるだろう。

二、津田左右吉――事実の史料と思想の史料

近代に至り、『記』と『紀』を同列において比較検討する研究手法が一般化するにつれて、内容面で共通点の多い両者を「記紀（神話）」と一括して取り扱う場面が多くなった。

そのような傾向に対し、学問的・科学的な『記』『紀』研究の先駆者として名高い津田左右吉は、昭和十五年（一九四〇）に発行禁止処分となったことで知られる『古事記及び日本書紀の研究』（岩波書店）において、早くも注意を促している。

> 更に一言して置く。古事記と書紀とを同列に置いて対照比較することは近代になつてからの普通の習慣で、記紀といふ連称法もそこから生じたのであり、著者も亦た便宜上それを襲用したが、厳密にいふと、これは妥当の態度では無い。上に述べたところからいふと、古事記は史料の一つ（即ち帝紀と旧辞との或る一本づゝを其のまゝに編纂したもの）であり、書紀はそれと同一の価値のある他の史料（即ち帝紀と旧辞との種々の単本）をも併せ取り、特殊の思想と意図とを以てそれを撰択取捨し、或はそれに変改潤色を加へ、さうしてそれらを按排構成したものであるから、全体としてみると、此の二書は本来異なつた目的の下に編纂せられた、性質のちがつたものである。（『古事記及び日本書紀の研究』）

津田は『記』の序文にみえる「旧辞」を「ある時期において、ある権威を有する者の手によって述作せられたもの」、「帝紀（先紀）」を「朝廷で撰集せられた」皇室の系譜とそれぞれ規定し、いずれも幾たびかの変改に伴う異本の生成を経ているという想定のもと、『記』と『紀』の編纂方針、および編纂目的に相違のあることを指摘する。両テクストが各々、「特殊の思想と意図」のもと、「異なった目的の下に編纂せられた、性質のちがったもの」であることを喝破した津田の主

張の先見性は、改めて評価されるべきであろう。

津田は『記』『紀』の史料批判は、『記』『紀』本文自体の研究と考古学の成果、中国・朝鮮の文献史料など、『記』『紀』以外の確実な知識を通じて進められるべきであると述べ、うち、前者の研究方法について以下のように説明する。

> 第一の方法は、或る記事、或る物語につき、其の本文を分析して一々細かくそれを観察し、さうして或は其の分析した各部分を交互対照し、又は他の記事と比較して、其の間に矛盾や背反が無いかを調べ、もしあるならば、それが如何にして生じたかを考察し、又た(ママ)文章に於いて他の書物に由来のあるものはそれを検索して、それと言ひ現はされたる事柄との関係を明かにし、或はまた記紀の全体にわたつて多くの記事、多くの物語を綜合的に観察し、それによつて、問題とせられてゐる記事や物語の精神のあるところを看取するのであつて、種々の記事、説話の性質と意味と価値とは、此等の方法によつて知られるのである。さうして同じ時代のこと又は同じ物語が、記紀の二書に於いて種々の違つた形を取つて現はれてゐることが、大に此の研究を助ける。此の両方を比較対照することによつて、或は物語の発展し変化して来た径路が推測せられ、或は其の間から物語の精神を看取することが出来るのである。(『古事記及び日本書紀の研究』。傍線は筆者)

ここでは、六世紀の初め頃に政治的な意図を以て編纂された「帝紀」「旧辞」[16]を母胎とする『記』『紀』を詳細に比較検討し、そこから読み取れる「物語の精神」を明らかにすることが重視されている。

津田は『記』『紀』の神代巻を歴史的事実の反映ではなく、皇室の由来を説くために創られた虚構の詩的物語として理解すべきものと考えていた[17]。具体的には、「事件や出来事の正確な記録」という意味における『記』『紀』の「史料」性を否定する一方で、「帝紀」「旧辞」編纂当時(六世紀)の政権の政治的要請が、「史料」性という面で比較的信頼がおけると考えられる応神朝以降の記録を素材として、それ以前の時代、すなわち神代および神武~仲哀朝に関する『記』『紀』記述に反映されているとみなすのである[18]。

『記』『紀』がそれぞれ「特殊の思想と意図」「異なった目的」を有しているという発想は、特に神代から仲哀朝に及ぶ両者のテクスト記述から政治思想としての「事実」のみを掬い取ろうとする津田の姿勢と表裏一体のものであり、宣長の『記』理解と一線を画する内容を有することは改めて言うまでもない。津田の研究方法は、神代神話を「帝紀」「旧辞」――惟神の道を象徴した古伝説のような絶対的存在ではなく、相対的な存在――に基づく詩的物語とみなしたうえで、そこから官府人にとって創造された理想的皇権像を抽出し、「帝紀」「旧辞」（および『記』『紀』）編纂期における思想的史実として理解するものであった。その過程は、人代に先行する歴史的事実と位置づけられていた神代に関する記述を時間軸から一旦切断し、理想的皇権像の抽出および思想的史実への再編成を経て、中央集権国家の形成～確立期へと配置し直すというかたちでも表現できるものであり、神代と古代（あるいは津田の生きた当代）との時代区分の再検討を意味する作業でもあった。

以上に見た津田の議論は『記』序文に見える「帝紀」「旧辞」を、①六世紀初期～中期に「官府者」の手によって編纂された②『記』『紀』の原形に相当する文献史料である、と限定的に規定し、そこに顕れた（と想定される）政治的思想の究明を目標に据えたものであった。しかし、『記』『紀』それぞれが「異なった目的の下に編纂せられた、性質の違った」文献である以上、本来であればテキスト毎で個別に行われるべき批判的研究は後回しにされ、最終的に実現しなかった。「六世紀における原「記紀」の成立を認めないとしたら、すなわち、それを生み出す史的背景を否認するならば、津田の論説は全面的に否定されることになろう[19]」という早川万年の指摘は、少なくとも神代巻に対するアプローチの次元において、津田が宣長の限界を完全には克服できなかったことを示している[20]。

先に示した①②の前提に基づいて『記』『紀』の記述を徹頭徹尾「物語」として解釈し、同一の趣旨のテクストとして分析・比較・綜合するという手法を採る津田の研究は、「思想上の事実、もしくは心理上の事実」「内面的の事実」を『記』『紀』の「綜合」体に見出そうとするいう点において、古来連綿と続く惟神の道を（一部情報を『紀』より補完された）『記』に見出そうとする『記伝』と論理構造上の共通点を有することとなった。

結果的に津田も宣長同様、神代神話の〈揺らぎ〉に翻弄され、陥穽へと嵌まってしまった点は否定できない。

三、西郷信綱の津田批判――研究対象との「対話」

津田の文献実証批判は、分析対象となるテクスト自体に「偏辟や誤謬や虚構」が含まれることを前提に、それらをも「一つの歴史的事実」として相対視するほど徹底したものであった[21]。

昭和五年（一九三〇）発表の「日本上代史の研究に関する二、三の傾向について」において、津田は日本上代史の研究史に歴史学以外の「種々の立場からの種々の見解が提出せられること」について一定程度の理解を示す一方、沖縄の神歌やアイヌの叙事詩との比較を通じて『記』のテクスト中に民衆由来の口承伝承の痕跡を見出そうとする民俗学的手法や、「記紀、とくに『書紀』の記載をそのまま歴史的事実と見なし、あるいはそれを民族の由来や国家の起源に関する或る学説によって解釈する」西洋由来の社会学的手法については、「確かな方法と論理とを欠いている思いつきや感じから成立つもの、或る一面のみを見てそれによって全体を解釈せんとするもの、または特殊の主張なり学説なりを強いて我が国の上代にあてはめようとする」「学問的の研究としてはかなりに不用意なもの」と断定し、鋭い対立姿勢を表明する。[22]

津田の『記』『紀』分析は、神代から神武即位を経て推古期に至る（歴史の推移としての）国史を否定する一方、六世紀前半における政治意識の一環としての国家統治の由来を思想上の事実として積極的に評価するという二つの意義を有していた[23]が、右に見る対立はややもすると、後者の意義を覆い隠すと同時に、前者の意義を過大に、しかも時として否定的なかたちで示すという傾向をもたらした。

そのことを象徴的に示すのが、国文学者の西郷信綱による、以下に示すような辛辣な津田批判である。

たとえば津田左右吉氏『神代史の研究』が大胆な文献批判によって神代の記事の伝統的聖性にいどみ、学問研究の鍬をうちこんだ功績は忘れがたいものであるが、それも結局、神代の記事が官府の述作であるというかなり貧しい成果に達したに過ぎない。（中略）おそらくその抽象性は、古代王権の実践した祭式がほとんどかえりみられず、神代の記事をたんなる観念の構成物として扱ったのにもとづいている。これは方法上の致命的欠陥であり、だからその文献批判の精神がきびしいだけ、ラッキョウの皮をむくようなぐあいに、結局カスみたいなものしか後にはのこらぬという奇妙な矛盾がそこにはあったと思う。[24]（『古代王権の神話と祭式』）

神代神話の原形を大嘗祭の語りの一部と想定した西郷は、宣長の国学を研究の原点とし、折口信夫『古代研究』の批判的継承を通じて文学の起源に迫る研究を経て[25]、のちにエヴァンス・プリーチャードらの社会人類学やメルロ・ポンティの現象学を十全に消化した『古事記の世界』などの作品論や、宣長の『記伝』を想起させる大部の注釈書『古事記研究』などを著し[26]、以後の『記』研究史を領導していった。

レヴィ・ストロースの構造主義を念頭に、高天原・天つ神・伊勢……（聖・善・陽・天……）―葦原中国・国つ神・出雲……（俗・悪・陰・地……）―黄泉国／根国（穢・罪・暗・地下……）といったコスモロジーを構築した『古事記の世界』と、欧米から輸入された学問を流用・応用した『記』『紀』解釈に批判的であった津田の立場とを対比すると、西郷の『記』研究が方法論の次元においても、津田に対する痛烈なアンチテーゼであったことが、改めて明確化する。

西郷信綱は、ブリーチャードやレヴィ・ストロースらの研究に対して全幅の信頼を寄せるのとは対照的に、彼らより前の世代の社会人類学者であるジェームズ・フレーザーに対しては、以下のように極めて否定的な評価を下している。

現代の社会学者や人類学者は、必ずフィールド・ワークに従事する。それもたんなる旅行とか調査とかいうのとは趣がちがって、一定期間――生活の周期を二度くぐる意味で最低期間は二年といわれる――、①現地の住民と同じ生活状況を経験し、その言葉を使って対話を日常的にかさねつつ研究を進めるということが、理論的訓練とともに必須条件として要請される。フレイザーの『金枝篇』は人類学の名だたる古典で、日本でもひろく読まれているが、今日この本に私たちが不満と退屈をおぼえるざるをえないのは、右にいう意味での対話が基礎になっておらず、②アンケートとか、宣教師や商人の見聞録などにたよって世界各地の風俗習慣の数々を蒐め、それらを十九世紀風の知性主義で体系化したものであることと切り離せない。つまりそこには、かつての大英帝国を偲ばせる茫大な資料がモザイク模様に描かれているが、③それは現地の人間たちがそのなかに血脈を以て生きる現実の生活模様とは大して縁がない。彼の学問が「安楽椅子（アームチェアー）の人類学」と称されるゆえんである。（『古事記の世界』。傍線は筆者）

西郷のフレイザー批判は、現地の住民と生活状況及び言語の共有を通じて日常的に会話を重ねていく（傍線①部分）ことなく、データや文献に依拠する情報の収集・体系化のみに基づいた（傍線②部分）、現地の人々の生活の息づかいが聞こえてこない（傍線③部分）点に集約される。

ここで、傍線②部分の「アンケートとか、宣教師や商人の見聞録など」を「『記』『紀』や中国典籍、および考古学の成果」に、「十九世紀風の知性主義」を「第二次世界大戦後の科学的（歴史）研究」にそれぞれ置き換えてみると、『古事記の世界』で展開されるフレイザー批判と「古代王権の神話と祭式」で展開された津田批判とはほぼそのまま、軌を一にするのではないだろうか。

果たして、続く箇所においてフレイザーと津田との共通点が明らかにされる。少々長くなるが、以下に当該部分を引用する。

〔フレイザーの：筆者補〕学問の方法上の問題としていえるのは（中略）、昔と今、原始と文明とを単純に対比させて説明しようとする態度は、（中略）古代研究にとってはもはや無効だということである。そこには対話がなく、前者が後者の論理や観念に一方的に従属せしめられ、それみずからの意味や価値をもたぬ下級のものとして扱われているからで、この考えの下敷になっているのは、後者によって前者が克服されるという素朴な進化論に外ならない。

津田左右吉『日本古典の研究』は古事記・日本書紀研究として歴史的価値をもつ著作ではあるが、その基調をなすのはやはり右にいう意味での進化説、または十九世紀風の知性主義である。すなわちそこでは、神話は「思想」のあらわれであり、そして「思想」が神話という不合理で私たちの日常経験に背馳した形をとってあらわれるのは、文化の未発達な、あえていえば無知な時代であったためだということになる。外見は同じでないにしても、これは魔術を疑似科学、誤れる科学と見たフレイザー式の考えと、根本の態度はまったく同じである。この本のなかで著者は、「後人の追加」とか「潤色」とかの決り文句でいろんな説話をあっさり片づけているが、そして追加や潤色は本文批判上、当然日程にのぼる問題ではあるけれど、それが自己の論理の秩序にぞくさぬさまざまな意味を切りすてるため濫用されているといわざるをえない。（同前。傍点原文、傍線は筆者）

西郷によれば、フレイザーと津田に共通するのは、素朴な進化論に依拠して昔と今・原始と文明とを単純に対比させ、前者に対する後者の優越を疑わない姿勢であった。

フレイザーと西郷の研究には「対話」がない、と西郷は断じる（傍線部分）。それは、あたかもフレイザーが「アンケートとか、宣教師や商人の見聞録など」を「十九世紀風の知性主義で体系化した」ように、『記』の神話の不合理な部分を「後人の追加」や「潤色」といって容赦なく解剖してしまう態度を示していた。しかし、問題を津田に限定すれば、ここには「史料との対話」などという、通り一遍の言い回しに収まりきらない西郷の思いがあるのではないか。

別の文章で西郷は、津田と折口信夫を引き合いに出し、両者の「対話」が成立し得るのかどうかを想像しつつ、以下のように語っている。

わたしは時々、津田左右吉は折口信夫を一体どのように見ていたのだろうか、恐らくわけのわからぬ、狐でも憑いた神秘主義者としてあしらっていたのではあるまいか、とひそかに想像する。他方、折口信夫は津田左右吉を、日本の生活や風土のなかから立ちのぼる妖気にふれたことのない合理論者として軽んじていたのではないかと想像する。少なくともこの両者、お互いにほとんど話が通じなかったのではあるまいか。これは、人間の経験の部分であるところのものが全体化されたため、理性と情緒または感性とのあいだの対話が、社会的にも個人内部においてもうまくいかなかったことを意味するだろう。[27]（「断感」。傍線は筆者）

西郷の見立てによると、津田と折口との間には「対話」が成立しない。なぜなら、本来であれば個人の内部で「理性」と「情緒もしくは感性」が相俟って「経験」を形成するはずのところ、津田は「理性」が、折口は「情緒もしくは感性」がそれぞれ肥大化してしまっている（傍線部分）。そのような偏重が社会的にも個人内部においても影響を来たし、（少なくとも津田においては[28]）その研究の欠陥として現れているのだ、ということになるのであろう。

津田の慧眼は、『記』と『紀』とがそれぞれ異なる編纂目的や性質を有していることを理由に、「記紀」と一括して論じることに一旦は慎重な姿勢を示すものの、その見立てが実際の『記』『紀』分析へと活かされることはなかった。津田の研究に対して容赦ない批判を浴びせる西郷においても、その極めて厳格な史料批判の姿勢・方法については高く評価せざるを得なかったし、津田が大正五年（一九一六）から十年（一九二一）にかけて刊行した『文学に現はれたる我が国民思想の研究』（以下『我が国民思想の研究』）は、現代の日本史学界においてなお「今もってこれを超える日本通史は現れていない」とされる傑作である。[29]津田ほどの周到な人物が、自身の主張と分析内容との齟齬に無自覚であったはずはなく、半ば確信的に、『記』『紀』を一括して論じざるを得なかったと考えるのが自然である。

日露戦争後の大正デモクラシーから二度の大戦を経て一九五〇年代へと至る長期に及ぶ津田の研究活動の進展は、彼自身の思想展開との関わりを視野に入れ、文字通りその「学問と人」を総体的に論じていく必要がある。[30]現時点において、筆者には津田の学問と人とを相対的に論じるに十分な準備がない。

しかし、ここで一つだけ断言できることがある。それは『記』『紀』それぞれの編纂目的や性質を明らかにする研究よりも、「記紀」に通底する思想性を剔出する研究の方が、津田にとってより優先度の高い仕事であった、ということだ。

戦後間もなく発表された「日本歴史の研究に於ける科学的態度」には、「学徒や文筆にたずさわっている者の一部」が政治的権力者に阿諛迎合し、神道や国学、儒学を淵源とする「固陋な思想」を基に作り上げられた、歴史的事実や一般的常識を無視した虚誕妄説が声高に叫ばれた結果、敗戦という破滅的事態がもたらされたものであるという、津田の現状認識が明確に表明される。非学問的な国家主義の扇動に因って苦渋を味わった津田においては、「史学の学徒をしてその本来の使命に立ちかえって自由な研究を進めてゆかせるような気運を促す」と同時に、「一般世間に対してこれまで注入せられていた虚偽迷妄な知識を正す」ことこそが、日本史の学問的研究を実現する上での要路と考えられていた。さらに津田は、天皇の戦争責任を問い、天皇制廃止を主張する政治的勢力に対し、神秘的国体論や専制君主としての天皇像が、明治期以降の政治権力者によって創造された虚構であり、古来、直接政務に当たることなく、常に時勢の変化に順応してきた皇室の存在は、民主政治と矛盾するものではないことを「上代史上の大切なことがら[31]」として主張・発信してもいた。

津田は〈新しい〉『記』『紀』研究を通じて、神代巻および神武から仲哀に至る十四代の記述を歴史の時間軸から切り離すとともに、崇神以降の各天皇についても実在そのものについては認めつつ、個々の記述に関しては「後人の追加」「潤色」として相対化する。このような操作を経て、津田は「実際政治の上では皇室と民衆とは対立すべきものではな」く、「皇位が永久でありまたあらねばならぬ、という思想」が「歴史的に養われまた固められて来た」という歴史観を構築したのである。この史観は、敗戦による天皇制存続の危機をも乗り越えて「これから後ますます強められるのみ」であり、その先には〈新しい〉民主国家の在り方に適応した、愛すべき「われらの天皇」が存在することになる[32]。

津田が歴史の時間軸のなかに見出した「過去二千年に及ぶ皇室の歴史」とは、「記紀」を貫通して同時代、さらには未来へと及ぶものであった。極めて脆弱な『記』や『紀』それぞれの神代神話が、このように剛直な天皇中心史観に耐え得るわけがない。

この点において、津田史学における『記』『紀』の合糅は不可避的な営みであった。

おわりに——神話解釈は〈揺らぎ〉を克服できるか

西郷信綱は、「津田さんの世に出た時代」が「日本近代社会の発展のなかに孕まれる一つの矛盾として感受性の分裂または分離とも呼ぶべき現象が急激に進み、それとともに詩と科学との断層が精神を否応なしにとらえはじめた時代」であった点を重視する[33]。

「津田さんの世に出た時代」とは具体的に、『神代史の新しい研究』（一九一三）や『我が国民思想の研究』（一九一六〜二一）が公刊された大正初〜中期を指すのであろう。「国内の山村にして遠野よりさらに物深き所にはまた無数の山神山人の伝説あるべし。願わくはこれを語りて平地人を戦慄せしめよ」という惹句を有する柳田國男『遠野物語』が明治四十三年（一九一〇）に刊行されたことからも、西郷の時代分析は的を射たものといえる。

しかし、上代研究や国民思想の通史に代表される戦前期の成果に立脚し、戦後に至って天皇論・皇室論が発表された時点における津田史学の「完成形」を総体として評価するのであれば、その達成と限界の要因を津田の感性の欠如にのみ帰するわけにはいくまい。月並みではあるが、やはり、『古事記および日本書紀の研究』発表に伴う一連の筆禍事件が津田に与えた影響をも考慮すべきであろう。狂信的国家主義者による告訴と同書の発禁処分、早稲田大学の強制退職という数々の理不尽な仕打ちを経て、非学問的な言説による無知な国民の煽動によってもたらされた敗戦に直面した津田が、科学的かつ学問的な方法に基づく上代思想史の構築と、その成果を基礎とする〈万世一系〉の皇室史観によって、学徒および国民の啓蒙を行うことを自身の使命と理解していたことは、既に確認した。

西郷は津田を評する際、「（津田の精神の）下部構造を、そしてそれがいかに上部構造に反響しているか」という点を明らかにしようとする。[34] 従って、「天皇を国家の統一性と国民の一体性とを象徴する精神的権威とする思想の由来を明らか」[35]にしようとした津田の企図に対する「カスみたいなもの」という西郷の酷評も、津田の精神の「下部構造」に照準を定めた、津田史学における「感性の欠如」の指摘として理解できる。しかし、このような西郷の批評はあまりにも津田の立場を顧みないものであろう。この西郷の発言こそは、（「及びがたい偉さ」などという常套句で誤魔化しつつ）総体としての津田史学が学問的評価の対象に値しない、という宣言にほかならない。[36] この「カスみたいなもの」という言い回しに象徴される、まさしく「感性」的な西郷の津田史学評の当否が十分に検討されてこなかったことは、現代に至る記紀研究の方向性を定める上で、大きな損失となっているのではないか。

詩を淵源とする神代神話と大嘗祭をはじめとする皇権祭祀とを積極的に引き寄せ、西洋由来の社会人類学を積極的に採り入れて『記』を貫徹するコスモロジーを構築することによって、西郷は詩と科学との断層を乗り越え、津田とは異なる手法で、神代と人代とを切り分けることに成功した。西郷の諸業績は、現代の『記』研究を先導する神野志隆光・三浦佑之・水林彪をはじめ、数多くの後進に計り知れない影響を及ぼし、今なお古典的名著としての地位を保ち続けている。しかし、西郷の輝かしい研究成果によって、津田の研究が為し得なかったことの意味を問う視点が、完全に覆い隠されてしまった点は否めない。

『記』と『紀』の合糅という手法に代えて西郷が採用した手法は、後進の研究者によって発展的・批判的に継承され、『記』『紀』研究は長足の進歩を遂げた。そこではもはや、神代という「時代」と人代という「時代」の区分などは問題となることもない。しかし、現代の『記』『紀』研究は神代の〈揺らぎ〉を完全に克服できたのだろうか。歴史を通して変容を重ねつつ、絶えず現実との間で取り結ばれた様々な関係の中こそが神話の本質であるのだとすれば[37]、むしろ、〈揺らぎ〉に翻弄されない神話解釈などあり得るのだろうか。

宣長や津田、西郷といった先人の業績をめぐって、一私見を呈した所以である。

註

(1) 津田博幸『生成する古代文学』(森話社、二〇一四年)、西澤一光「講書・私記・竟宴和歌——平安時代前期における『日本書紀』の再解釈」(神野志隆光編『別冊国文学 古事記日本書紀必携』学燈社、一九九五年)、金沢英之「神話と歴史」(苅部直編『岩波講座日本の思想 第六巻 規範と秩序——「国家」のなりたち』二〇一三年)。

また、水口幹記は『紀』の成立直後(奏上の翌年に相当する養老五年?)に養老講書が実施されたとの立場に立ち、もともとは「(大)倭」の訓みを示す「ヤマト」という発音が「日本」の訓みへとそのまま用いられることで、国家の歴史を語る正統な歴史書たる『紀』の立場が確立したとの見方を示す(水口幹記「奈良時代の『日本書紀』読書」、新川登亀夫・早川万年編『史料としての『日本書紀』——津田左右吉を読みなおす』勉誠出版、二〇一一年)。

(2) 金沢英之、註(1)前掲。

(3) 伊藤正義「中世日本紀の輪郭」(『文学』四〇—一〇、一九七二年)、阿部泰郎「〝日本紀〟という運動」(『国文学 解釈と鑑賞』六四—三、一九九九年)。

(4) 佐藤弘夫『偽書の精神史——神仏・異界と交感する中世』(講談社選書メチエ、二〇〇二年)。

(5) 村岡典嗣『本居宣長』(岩波書店、一九二八年)。

(6) 丸山眞男『日本政治思想史研究』(東京大学出版会、一九五二年)。

(7) 村岡典嗣、註(5)前掲書。

(8) 本居宣長『玉勝間』二の巻「二五 神典のときざま」

(9) 子安宣邦『本居宣長』(岩波現代文庫、二〇〇一年。初刊一九九四年)。

(10) 子安宣邦監修『日本思想史辞典』(ぺりかん社、二〇〇一年)「こじきでん 古事記伝」項(子安宣邦執筆)。

(11) 村岡典嗣「平田篤胤の神学に於ける耶蘇教の影響」(『増訂 日本思想史研究』岩波書店、一九四〇年。初出一九二〇年)。

(12) 子安宣邦、註(9)前掲書。

(13) 三浦佑之・上野千鶴子「討議 古事記はなぜ読まれ続けるのか——古事記という物語」(『現代思想』三九—六、二〇一一年)。

(14) 「祝詞宣命(ノリトミコトノリ)は、又別(コト)に一種の書法(カキザマ)ありて、世に宣命書(セムミヤウガキ)といへり。おほかたこれらの余、かならず詞を文なさずても有ルべきかぎりは、みな漢文にてぞ書りける。かゝれば此記を撰定ばれつるころも、歌祝詞宣命などの余には、いまだ仮字(カナ)文(ブミ)といふ書法はなかりしかば、なべての世間のならひのまゝに、漢文には書れしなり。さて然漢文を以て書クに就ては、そのこと其ノ学問盛にして、そなたざまの文章をも、巧にかきあへる世なれば、是レも書紀などの如く、其文をかざりて物せらるべきに、さはあらで、漢文のかたは、たゞありに拙げなるは、ひたぶるに古ノ語を伝ふることを旨とせる故に、漢文の方には心せざる物なり」(『記伝』一之巻「文体之事」)。

(15) 水林彪『記紀神話と王権の祭り』(岩波書店、一九九一年)。

(16) 「記紀の上代の部分の根拠となつている最初の帝紀旧辞は、六世紀の初めごろの我が国の社会状態に基づき当時の官府者の思想を以て皇室の由来を説き、またいくらかの伝説や四世紀の終わりごろからそろそろ世に遺しはじめられた記録や材料をして、近い世の皇室の御事跡を語つたものであって、民族の歴史といふようなものではない」(津田左右吉『古事記及び日本書紀の新研究』一九一九年)。

(17) 田尻祐一郎「「国民」という思想——津田左右吉をめぐって」(『季刊日本思想史』六三、二〇〇三年)。

(18) 早川万年「津田左右吉の記紀批判と史実の認識」(新川登亀男・早川万年編、註(1)前掲)。

(19) 同前。

(20) 但し、津田の歴史観にはその背後に「万世一系」を旨とする、ある意味で超歴史的な皇室観が絶対的なものとして貫徹していた。津田の著作に、天皇や皇室に関する言及が具体的かつ顕著に表れるのは「建国の事情と万世一系の思想」(一九四六)以降のことであるが、皇権論への志向についてはそれ以前に執筆された論考においても、既に内在化されていたと考えるべきであろう。

(21) 津田左右吉「日本歴史の研究に於ける科学的態度」(今井修編『津田左右吉歴史論集』岩波文庫、二〇〇六年。初出一九四六年)。

(22) 津田左右吉「日本上代史の研究に対する二、三の傾向について」(同前。初出一九三一年)。

(23) 早川万年、註(18)前掲。

(24) 西郷信綱「古代王権の神話と祭式——神代とは何か」(『増補 詩の発生』未来社、一九六四年。初出一九五九年)。

(25) 西郷信綱「詩の発生」(同前。初出一九五六年)。

(26) 西郷信綱『古事記の世界』(岩波新書、一九六七年)、同『古事記研究』(全四巻。平凡社、一九七五~八九年)。西郷は、「私の古事記の勉強で、宣長が縦糸であるとすれば、この(社会人類学は横糸の役をしているといいでしょう」と述べる(『古事記の世界』「あとがき」)。

(27) 西郷信綱「断感」(西郷信綱『国学の批判』未来社、一九六五年。初出一九六〇年)。

(28) 「断感」では、斎藤茂吉の『万葉秀歌』『柿本人麿』が高く評価されているが、折口信夫についての具体的な評価は見えない。しかし、先の引用の直前部分で「津田さんと異質な斎藤茂吉と折口信夫」と一括して語っており、西郷が折口信夫に一定のシンパシーを抱いていたことは確かだろう。

(29) 同前。『我が国民思想の研究』について、西郷は「本書に示された文学観そのものにどうしてもなじめないわけで、悲しいほどこの名著は文学的な相互作用をわたしの心に引き起こしてくれない」と述べる一方、実生活を反映する文学作品から外来思想の要素を剝ぎ取っていくことを通じて国民思想の真の姿を明らかにしようとする点に「発想の斬新さ」を認め、「本書はおのずから文学史の一つの画期的な試みともなっているわけで、それが大正から昭和にかけ古典研究の前進に及ぼした影響には測りしれぬものがあった。後輩の私などにしても、その余響のなかにいたということになろう」(「断感」)と、彼自身が同書から一定の影響を受けたことを示唆している。

(30) 今井修「津田左右吉」(苅部直・片岡龍編『日本思想史ハンドブック』新書館、二〇〇八年)。

(31) 津田左右吉「建国の事情と万世一系の思想」(『日本上代史の研究』岩波書店、一九四七年)。

(32) 同前。

(33) 西郷信綱、註(27)前掲。

(34) 同前。

(35) 子安宣邦監修、註(10)前掲書「つだそうきち 津田左右吉」項(山尾幸久執筆)。

(36) 当時の日本史学界においても、「建国の事情と万世一系の思想」を津田の「政論」とみなして一連の記紀研究や上代史研究とは区別し、皇室観については批判する一方、史的構想そのものについては等閑視してしまったことで、戦前に発表された記紀批判と戦後の皇室観とを正面から総合的にとらえ、その達成点と限界点について、学問的に検討する機会を逸してしまったという指摘がある(今井修「解説」、今井修編、註(21)前掲書)。

(37) 金沢英之、註(1)前掲。

(とがし すすむ・東北福祉大学専任講師)

中世宗教思想史研究の現在——「対話」にむけた研究史読解の一過程として——

舩田淳一

一、問題の所在
——「中世宗教思想研究Ａ／Ｂ」と「狭義／広義の思想史」

日本思想史学会の内部組織である「思想史の対話」研究会の第三回（二〇一七年八月）は「日本思想史研究の現在を捉える——時代区分を超えて」であった。趣旨文にはこうある。

古代／中世／近世／近（現）代という大づかみな〝時代区分〟こそは、現在、斯学に携わる研究者たちをもっとも分厚く相隔てているものであることは、ほぼ疑いを容れない。今回の研究会では、第一線で活躍する研究者に、それぞれの〝時代区分〟の中で注目しているトピックを報告して頂き、その中から世代間・専門間を越えた「対話」が喚起されることを目指したい。[1]

自己の専門とする時代に閉じ籠るのではなく、区分を超えて研究者と対話するためには、確かに「それぞれの〝時代区分〟の中で注目しているトピック」を披露することが効果的であると筆者も考える。そして筆者にとってそれは中世の宗教である。

ただしその中世宗教とは、従来的な鎌倉新仏教論が対象としてきたそれではなく、また中世史家の黒田俊雄氏の提起した顕密体制論が近年明らかにしてきたものともイコールではない。本稿では鎌倉新仏教論と顕密体制論を、便宜的に「中世宗教思想研究A」と名指したい。(2) 翻って筆者の注目する所は、中世密教や、その影響下に展開された神仏習合・中世神道・中世神話という、新たに浮上してきた宗教思想領域であり、それらは身体や儀礼といった実践の問題系と極めて密接である。本稿ではこれらの研究を、かなり大雑把ではあるが、「中世宗教思想研究B」と命名したい。これまで研究史は、鎌倉新仏教論＝研究A／顕密体制論＝研究Bというように分節化されてきたが、鎌倉新仏教論と、これを克服すべく密教による旧仏教の統合を重視し、神祇も含めて中世宗教の総体把握を目指して提起された顕密体制論、その双方を本稿では「中世宗教思想研究A」と概括するのである。いささか乱暴に映るかもしれないが、ともに民衆史観に立脚した左派的で近代的な戦後仏教史研究の第一段階と第二段階という意味で「兄弟」であるとも言える。一方で「中世宗教思想研究B」は、鎌倉新仏教論や顕密体制論のように方法論が確立しているわけではなく、鎌倉新仏教論は言うに及ばず、顕密体制論でも充分に対象化されなかった領域を指して仮に呼称するものに過ぎないが、従来の近代主義的な宗教思想研究の枠組みを超えようとするものなのである。

さて本稿では、第三回研究会の趣旨を筆者なりに受け止めて、あえてこれまでの研究で自身が向き合って来た「中世宗教思想研究B」の具体像を種々の文献資料に即して個別に提示するといった展開は取らず、研究史の回顧・現状の分析・今後の展望といったメタ的な議論を中心とする。少々残念なことに「中世宗教思想研究B」は、ある研究史上の所以によって（詳しくは後述）、特殊領域と見なされているという現実がある。しかも体系化された思想テクストを分析する、いわゆる頂点的思想家論のようなオーソドックスな思想史、すなわち「狭義の思想史」ではなく、「広義の思想史」とも言うべき場において研究が進展してきたという、固有の経緯があるのだ。例えば中世神道や中世神話の研究は思想家論として成り立ち難い部分があり、日本思想史よりも、中世神道研究の前衛は日本文学であった。(3) 中世文学の領域で宗教思想研究が進展したという一面があり、(4) 筆者が特に注目する儀礼や身体的実践に対する思想分析も、文献資料に即するものだが思想家論的な研究法では扱いが難しいのである。よってこれらは「広義の思想史」の研究対象となってきた。(5)

むろん「広義」「狭義」といっても、それは便宜的な分割に過ぎないが、以下の先学の言葉には是非とも、ここで耳を傾けておきたい。澤井啓一氏は、日本思想史は存立可能かという根本的な問いを発する。

〈日本思想史〉という研究分野は、けっして明確なものではない。といって、さまざまな専門領域のたんなる「寄せ集め」からはすでに脱却しているように思われる。現在の状況は、私の目にはゆるやかな人々の結びつきによる、ぼんやりとした「共通感覚」の上に成立しているように映っている。(6)

日本思想史を括弧に入れて語っており、その自明性が問われている。さらに小島康敬氏は、

コウモリのように日本思想史学は帰属先がはっきりしない、曖昧な立ち位置にあったように思われる。……何か腰の落ち着かない、不安定感を……日本思想史を専門と名乗る人は少なからず抱いてきたのではないであろうか。……もともと日本思想史という確固たる専門領域があったのであろうか。それは哲学、倫理学、文学、歴史学、政治学といった既存の学問領域からはみ出した人達の寄り合い場所として成立してきたと言ったら、言い過ぎであろうか。(7)

と率直に述懐しているが、筆者もこの「既存の学問領域からはみ出した人達」の一人である。これら先学の発言は、思想史を決して固定的に捉えないという姿勢で一致している。(8)

筆者も複数の学問領域に跨る形で、頂点的思想家論とは異なる宗教儀礼の思想分析を試み、拙著『神仏と儀礼の中世』(法蔵館、二〇一一年)をものしたので、「広義の思想史」研究者と言える。よって「中世宗教思想研究B」を対象とし、「広義の思想史」に属する筆者にとっては、同じ中世という時代を扱う「狭義の思想史」――固有の学問領域としての思想史学であり、思想家論がその中心をなす――との対話(9)、そして隣接諸領域(中世文学・中世史学等)との対話(10)といった形で問題を意識せざるを得ない。そしてそれらと連動させながら時代区分という隔てをどう超えてゆくか、その方向性を考えるという順序となる。突き詰めてゆくと複雑であり、一朝一夕にしてなる話ではない。

よって本稿はささやかながら、今後の重層的な対話の問題に向けて、以下の手順で進めてゆく。実は最近、日本思想史学会において、ここで言う所の「広義の思想史」/「中世宗教思想史研究B」に対する問題提起として受け取るべき発言がなされた。そこでまず本稿前半では、中世思想史における宗教/宗教儀礼の意義を評価する姿勢と、それらを過度に重視する傾向への批判的見解とを筆者の立場から総括する。そして後半では、この批判的見解を媒介的に受容しつつ、特殊領域化した「中世宗教思想研究B」の孕む問題点を自省的に考察し、最後にいささか独特な研究史回顧を行うことで、「中世宗教思想研究B」の今後を僅かに展望してみたい。

二、シンポ「思想史の問い方」をめぐって㈠

――末木文美士氏の「宗教／宗教儀礼」論

まず振り返っておくべきは、日本思想史学会二〇一五年度大会シンポジウム「思想史学の問い方――二つの日本思想史講座をふまえて」である。二つの講座とは『岩波講座 日本の思想』全八巻（岩波書店、二〇一三〜二〇一四年）と、『日本思想史講座』全五巻（ぺりかん社、二〇一二〜二〇一五年）を指し、共に現時点における日本思想史の達成度を示すべく編纂されている。パネリストの一人は、両講座の編集に当たった末木文美士氏で、シンポジウムの報告を機関誌である『日本思想史学』四八号（以下、四八号）に、「思想／思想史／思想史学――二つの日本思想史講座と日本思想史の問い方」と題して寄稿しており、その第三章が「儀礼と思想――中世思想を見る視点」となっている。末木氏によれば、ぺりかん社版の基本的スタンスは、オーソドックスな形式として、伝統的な文献中心の研究手法とそれが生み出してきた成果を尊重するというものであるという。末木氏担当の第二巻（中世）では、阿部泰郎氏「中世日本の世界像」を据えているが、それは図像資料を多用して、儀礼や勧進などの行動を含み込んだ思想のダイナミズムが、文献とは異なる世界の広がりを有している、ということを示そうしたからに他ならず、そこには従前の思想史への挑戦的姿勢が垣間見える。

一方、岩波版は、オーソドックスな形式への懐疑から出発しており、「ぺりかん社版では必ずしも儀礼の問題を中心に据えることはなかったが、岩波版で筆者が責任編集を担当した第七巻「儀礼と創造」において、一つの中核に据えた」（四八号、七頁）と述べている。第七巻は具体的には美と芸術の問題を扱うが、末木氏は、儀礼とは美と芸術が、創造される場としてあるものと見ている。「儀礼と創造」というタイトル通り、儀礼から美的創造（芸術）を捉え返そうという重要な試みである。そして末木氏は、

儀礼が思想史において問題になるのは、美や芸術だけでなく、中世的な世界観の総体が儀礼の場から顕現してくると考えられるからである。即ち、「儀礼は一方で王権に関わり、他方で仏教と関わりながら、文学、芸能、音楽、美術、神道など、多方面にわたる総合的な展開を示している。それゆえ、その研究も学際性が必要であり、学問分野の新たな配置が要請されるようになっている」と述べた通りである。（同前）

とも論じている。末木氏によって開示された所の儀礼研究の射程は、中世思想史という枠を超えて、〈文化学〉とでも呼

ぶべき広がりへと達している。そして同時に儀礼研究は学際的な協働の場であるべきとする認識も示されている。この認識は筆者には正当なものと思われる。

さらに末木氏は、小川豊生氏の『日本中世の神話・文字・身体』(森話社、二〇一四年)が重視する、中世の「建立」というキーワードを取り上げ、

「建立」というのは、物質的なモノの創造であると同時に、観念や思想なども含めて、構築し、成立せしめることである。それはモノを作る建築的な作業とともに、儀礼的な瞑想から生み出すことでもある……中世的な思惟は儀礼的な実践と密接に関係している。例えば、禅は一見非儀礼的な瞑想のように思われるが……坐禅によって仏祖との同一化がなされるのであり、それは密教における即身成仏と同じ構造と考えられる。こうした儀礼の創造性は中世前期の仏教において高揚し、中世後期には芸能や文芸などさまざまな分野に拡散する。(四八号、一八〜一九頁)

という見通しを述べている。近代以降の用語「建築」を遥かに凌駕する内実と深みを備えた中世的「建立」に注視することで、儀礼の概念が従来的なものから、さらに魅惑的な拡張を遂げているのであり、儀礼的(呪術的でもある)仏教の代表と言える密教と、禅の共通性に想到している点も目新しい[11]。「中世的な思惟は儀礼的な実践と密接に関係している」という一節に、「広義の思想史」における宗教儀礼研究、すなわち「中世宗教思想研究B」の意義・可能性が凝縮して表現されているように感じられる。

三、シンポ「思想史の問い方」をめぐって(二)

――森新之介氏・下川玲子氏の反応

さてシンポジウム「思想史の問い方」において、末木報告のコメンテーターを務めた気鋭の若手研究者である森新之介氏は、当日のコメントを基に「両講座における中世思想史研究の課題」という文章を寄稿しており(四八号)、それは第一節「中世思想史研究は活発か」、第二節「儀礼研究に死角はないか」、第三節「中世は宗教の時代か」から構成される。そこには無視できない重要な指摘が確認でき、例えば第二節で、森氏は宗教儀礼への偏重を指摘し、世俗の儀礼への注意を促している。また第三節でも、中世=宗教の時代という理解に対し、それは世俗の過少評価ではないかと批判的であり、公家の思想・学問を評価すべきことを提言する。シンポジウムにおける森氏の鋭いコメントとその文章化を受け止めるべく、末木氏は改めて『日本思想史学』四九号(二〇一七年)に、「第四八号特集コメント記事への応答」という短文を寄稿し

ており、そこで世俗儀礼研究の欠落を認めている。

　中世の儀礼研究が宗教に傾斜してきたのは、もちろん近代的思考を相対化する鍵が、そこにあると考えられたためである。末木氏は四八号所収論文の中では、この点について深くは触れておらず、四九号の応答記事も「作戦的に戦後の研究で無視されてきた宗教儀礼の見直しから出発するという方法を取ったためでもある」と簡潔に答えるのみだが、八〇年代後半以降、殊に顕著となったポストモダン的な状況下の知は、近代とは異質な〈宗教の時代としての中世〉の価値を積極的に発見していったのである。それは近代の「余白」[12]としての中世でもあり、一連の網野善彦氏の日本中世史研究（網野史学）も、そうした近代の余白としての意義を担ったものと評せよう。三十年以上もの間、宗教儀礼・神秘主義・身体論・密教・神仏習合など[13]「中世宗教思想研究B」のムーブメントが持続し、一部で「中世ルネサンス」という言葉も聞かれるようである[14]。しかし森氏は、

> 世俗の時代である近代を克服すべきだという問題意識で中世を研究すれば、宗教の時代としての一面だけが切り取られてしまう……そういった危険にも注意すべきである。
> （四八号、二七頁）

と忠告し、またコメント文の第一節では、

> 末木は、ぺりかん講座中世巻の「総論」で「近年の中世思想史研究はきわめて進展が著しく、従来の常識はほぼ完全に転覆している」（二五〜二六頁）と述べた。しかし評者は、中世思想史研究がそのような活況を実感できずにいる。
> （同前、二五頁）

と述べ、『日本思想史学』への中世（むろん古代も含め）の投稿論文は減少の一途を辿っていることを指摘して、中世思想史研究の現状に警鐘を鳴らす。事実、日本思想史学会の大会においても、時に中世は単独で部会が成り立たず、発表者が近世部会に編入せざるを得ない場合もあって、近世・近代思想史が明らかに優勢であると感じられる。「中世宗教思想研究B」のムーブメントと日本思想史学会の中世部会は、必ずしも直結していないのである。

　この宗教重視＝世俗軽視的な研究の在り方への異論と中世思想史不振への危惧は、連動する形で中堅研究者にも強く同意されたようだ。日本思想史学会ニューズレター23号（二〇一五年一二月二三日）掲載の下川玲子氏「二〇一五年度大会に参加して――きわめて個人的な感想」には、以下のようにある。これも短文とは言え、素通りしてはならない論点が提示

されているものと判断したので、少し長くなるが引用したい。

1日めの公開シンポジウム「思想史の問い方―二つの日本思想史講座をふまえて―」は、思想史研究の方法論をテーマとした企画であった、日頃、方法論について無自覚である私にとって、たいへん有意義なものであった。中世思想を研究している身にとって、末木文美士氏に対する森新之介氏のコメントが興味深かった。末木氏の「儀礼」ことに宗教儀礼の側面から「近代に回収されない中世」を見いだす発言に対して、森氏のコメント、親鸞・道元などの脱儀礼の宗教、あるいは清原宣賢の四書研究、また中世後期の五山での朱子学研究など、近世や近代につながる理への信頼の登場こそ、注目すべき点であるという指摘に共感した。近接の多彩な分野の研究が取り込まれたことによって、理論の分析が欠落する傾向が見られ、それが中世思想研究の問題だという森氏の発言は興味深かった。

2日めは、中世以前の思想を対象とした研究発表が第四部会の一会場だけであった。そこに参加しながら、昨日のシンポジウムの議論を思い浮かべていた。中世以前の発表が少ないのは、仏教学会や宗教学会や日本史系の学会などさまざまある中で、この日本思想史学会でしかできない議論の方向がいま一つ定まっていないからかもしれない。この学会が、仏教だけでなく、儒教なども含め、宗教に偏らない中世における知のあり方の全体像を探り、中世固有の思想の論理を明らかにし、その意義を探るというオーソドックスな議論ができる場であってほしい、最近の近接分野との融合的な試みも評価はするけれど、などとりとめもなく考えていた。（傍線は筆者）

傍線①は、近世―近代に繋がるものとして中世を理解しようということであり、そのために「脱儀礼」――これは「脱呪術」という語にも置換できる[15]――の宗教として親鸞・道元が、さらに「理への信頼の登場」＝合理的な儒教が高く評価されることになる。

厳密に言えば、森氏のシンポジウム当日の報告では、講座ものにおいて日本思想史の通史的叙述を行うのならば、近世に繋がる中世儒学の合理性についても取り上げるべきであり、本稿で言う所の「中世宗教思想研究B」の特色である非合理性や神秘性が強調されると、近世になって突如、合理性が出現したかのような説明になってしまうことを問題視し、通史的叙述のバランスを考えるという意味相で発言がなされたと記憶している[16]。ともあれ、「合理的な時代としての近世――近代に接続可能な中世的合理性」への注目が、近世・近代に比して凋落しつつあると思われる中世思想史研究の現状打開策と成る可能性は考えられるかもしれない（だが近代主義への逆戻りではないかという懸念もあろう）。そして外部からの輸入が目立つ両講座の中世研究は思想史らしさをやや失っているかもしれない（四八号、二六頁）とする森氏の印象や、近接分野との融合的研究よりも思想史本来のオーソドックスな議論を望む傍線②の記述は、自覚的に「狭義の思想史」に立脚し、広狭二義の思想史の関係性を通して、日本思想史学会の立ち位置を考えようとするものとして筆者には読めた。ここにオーソドックスな「狭義の思想史」と、その対蹠的位相にあって「中世宗教思想研究B」が前衛をなす「広義の思想史」との対話の必要性が認められる。

四、中世思想史研究における宗教／宗教儀礼

このように中世思想史研究において、宗教と宗教儀礼を過度に重視する傾向への批判的見解が提示された訳であるが、森氏は中世を宗教の時代としてのみ捉えるならば、それは一面的な見方であること、よって儀礼研究も宗教儀礼に偏重すると死角が生ずるとし、それゆえに公家の学問・思想や儒学の合理性、さらに世俗儀礼にも目配りが必要と言うのであるから、その限りでは蓋し正論であろう。また「思想史で儀礼研究を推し進めていくのであれば、世俗の儀礼にも十分配慮して聖俗両者を総合すべきであろう」（四八号、二六頁）とも述べており、自身が儀礼を課題として引き受ける訳ではないようだが、これは「広義の思想史」に示唆を与えるものでもある。そして聖俗総合とは儀礼領域に限定されることではないので、傍線②の「仏教だけでなく、儒教なども含め、宗教に偏らない中世における知のあり方の全体像を探り、中世固有の思想の論理を明らかに」するという、聖俗統合の中世思想史研究という方向性が、敷衍的に導かれてもくるのである。「日本思想史学会でしかできない議論」というものを、そこに設定しても良いのだろうが[17]、ここで今少し踏み込んで、中世思想史における宗教／宗教儀礼研究の意義を考えたい。

改めて森氏の議論を聞こう。

> 儀礼研究者の舩田淳一が「完成された親鸞の他力本願思想にとって、儀礼は決して本質的な意味を持ち得ない」[注2]と述べたように、すべての思想家が儀礼に深く関わっていたのではない。宗教儀礼や密教に注目すると、これまで「脱呪術」として高く評価されてきた親鸞や道元などは評価し難くなる。ただし、だからと言って儀礼中心の思想史叙述に位置付けるため、それらの思想家を儀礼に付会するようなこともあってはならない。（同前。傍線は筆者）

そして拙著『神仏と儀礼の中世』からの引用文に付した注2において、森氏は、「ただし舩田は、だから親鸞を研究しなくてよいと主張しているのでなく、評者も、だから儀礼研究を止めるべきだと主張したいのでない」（同前、二七頁）と断りを入れている。親鸞研究も宗教儀礼研究も思想史上の課題・対象として、これからも研究を続けて行けば良いのだから（そのための方法や視角は常に問われる）、それは全くその通りであるが、傍線部はいささかミスリードを誘った部分があった。森氏はここで従来、親鸞や道元が高く評価されてきたという研究史上の事実を述べながら、無理な付会はするなと注意喚起しているだけであろう。だが「脱呪術」という、世俗化論・近代化論を強く示唆せずにはおかない学術用語の使用に起因するのだが、近代的な親鸞・道元像（鎌倉新仏教中心史観）を森氏が素朴に堅持しており、その立場から発言しているという理解が生じたようである。(18)

末木氏は「「脱呪術」というウェーバー的な表現自体が、すでに「呪術」という否定的な価値評価を含む言葉を用いていて、適切と言えない」（四九号、五二頁）と述べている。「脱呪術は素晴らしい」というようなことを、自身の立場としては語っていない森氏に対する反論として、これは当たらないにしても、かかる西洋近代のプロテスタンティズムに代表される信念体系（ビリーフ）中心主義的に構成された親鸞・道元らを理念型とする宗教思想史（狭義の思想史）の図式を、そこから排除された実践（プラクシス）（儀礼・修行・身体など）の側から揺さぶろうとする「中世宗教思想研究B」（広義の思想史）が、三十年以上に亘って継続されてきたことは事実である。いまさら言うまでもないことだが、マックス・ウェーバーやピーター・バーガーといった宗教社会学者によって、世俗化（近代化）の前提として脱呪術という合理化のプロセスがあることが論じられてきた。非合理で神秘的な宗教形態に対して、脱呪術・脱儀礼と見なされる親鸞・道元らを、中世儒学とともに近世—近代に繋がる中世の合理性を示す事例と、もし捉えるのであれば、それは世俗化論的発想の射程を中世前期まで遡及させたものに他ならない。

一般論として、過去の中世思想史研究において親鸞・道元を高く評価することを可能とした脱呪術（脱儀礼）という旧来型の基準は、もはやそのままでは通用しないが、この事実こそ二〇世紀末以降〜今世紀初頭において、戦後中世思想史が大きく進歩したことの証しとして受け取ることができる、と筆者は考える。「呪術」「脱呪術」という用語の当否はひとまず置くが、宗教儀礼や、呪術的な密教、さらにはそれらを基盤に生成・展開した神仏習合や中世神道の思想的価値が大きく見直されてきたことによって、脱呪術・脱儀礼、そして神仏習合の否定としての神祇不拝などをもって親鸞・道元の意義を論じていれば、それで中世宗教思想史の叙述が成り立つというナイーブな観念は、もはや失われている[19]。そうであるならば、かつて鎌倉新仏教と呼ばれた親鸞・道元を、今改めてどう評価するか、この問いに取り組むことで中世宗教思想史は、さらにまた一歩前進できるはずだ[20]。もし儀礼や呪術や密教への関心が高まった分だけ、反比例して親鸞・道元の思想史上の価値が単純な急落現象を呈するのなら、中世宗教思想史とは、いささか貧しい学問だということになりかねない[21]。

そして末木氏の議論からも分かることだが、中世の宗教儀礼研究には、儀礼そのものに対する文献実証による、実態解明的・復元的研究、さらにはその歴史的位置づけのみならず、〈方法・視座としての儀礼〉という性質がある。要するに儀礼という視座から、既知のテクストの新たな読みの地平を拓くということであり、そこでは例えば隔句対の多用による優れた漢文学作品（唱導文芸）である表白・願文・講式等を、法会の場に供される儀礼テクストとしてどう読むかが問われてくるのである。また仏像・仏画の寺院から美術館への移転は近代芸術の始まりであり、その本質は空間変化よりも儀礼との切断であるとする、小峯和明氏「儀礼という場」[22]の指摘を受け取るならば、儀礼という視座から近代的美術史を相対化する方途が見えくるだろう。

思想史において儀礼が効果的であるのも、この〈視座・方法としての儀礼〉である。過去の聖人に仮託して作成された「偽書」としての中世神道思想や本覚思想のテクストを、儀礼という視座から鮮やかに分析してみせたのも、小川豊生氏の前掲書『日本中世の神話・文字・身体』であった。親鸞が臨終行儀といった往生の儀礼を重視することはあり得ないが、彼の思想形成に不可欠な「六角堂夢告」という神秘体験が、参籠という宗教儀礼によって発得されたことは、佐藤弘夫氏の著書『偽書の精神史――神仏・異界と交感する中世』（講談社、二〇〇二年）に詳しい。単純な睡眠時における生理的現象としての夢と異なり、夢告とは中世的な託宣の一形態に他ならない。よって夢告を感得するためには、一定期間の聖所への参籠（参詣・巡礼を含む）と、それに伴う礼拝・念誦といった形式化された身体実践（行・次第・作法）が不可欠なのであり、夢告とは儀礼的夢なのである[23]。そこから佐藤氏は本覚論や神道説の生成基盤となる神秘的な中世の精神世界と、決して絶縁していないものとして親鸞らの姿を描いている。

中世史学の菊地大樹氏も『鎌倉仏教への道――実践と修学・信心の系譜』（講談社、二〇一一年）で、「中世の信心とは、夢告や呪術といった前近代的な宗教民俗世界の存在を前提としなければ理解できない」（二〇頁）とし、親鸞もその例外ではないことが論じられている。従来、信心とは中世であっても、呪術や非合理性を排した〈近代的個人〉のごとき人間像〈とその内面〉を暗黙の前提として語られる傾向にあり、考えてみれば誠に奇妙な現象であったが、漸く修正が施されるようになってきたようだ。そして上島享氏「〈中世仏教〉再考——二項対立論を超えて」（『日本仏教綜合研究』一〇号、二〇一一年）も、「儀礼仏教の展開」と「内面の信心への洞察」は、単純に対立するのではなく、同時に進行・深化すると動態的に論じている。このように偽書が宗教思想テクストとして正当評価されたことや、従来的な宗教思想家像を更新するために、儀礼という視座がその有効性を発揮したことは、間違いなく中世思想史上の意義ある一幕であり、鎌倉新仏教と呼ばれた思想家を改めてどう評価するか、という先の問いへの有効なアプローチであると筆者には思われる。

五、「中世宗教思想研究B」のガラパゴス化と〈翻訳〉

しかし「中世宗教思想研究B」を研究対象とする「広義の思想史」研究者たる筆者だからこそ、その意義を強調しつつも、同時に森氏や下川氏の発言を受けて、改めて自己点検を試みこともやぶさかではない。省みれば〈近代の克服・相対化〉という志向性は、アンチ近代（アンチ世俗化論）的な色彩を伴って先鋭化しがちな部分があり、儀礼的・呪術的・神秘主義的宗教とその思想・教説が高く評価されたことから、「中世宗教思想研究B」が立ち上がってきたのである。よってその来歴からして「中世宗教思想研究B」は、「ミステリアス中世」とも言うべき性質を初期設定として備えていたとも言える。そうした研究の代表格として山本ひろ子氏と、その著作『変成譜——中世神仏習合の世界』（春秋社、一九九三年）、『異神——日本中世の秘教的世界』（平凡社、一九九九年）を挙げることができ、正に異世界としての中世の魅力が縦横無尽に開示されていた。ただしミステリアス中世とは、正に世俗的近代の余白として、森氏の言に倣えば、中世の「宗教の時代としての一面だけが切り取られ」、さらに神秘主義的局面がフィーチャリングされた所の産物であるから、それは「ガラパゴス化」する危険を内包していたのではなかったか。

「中世宗教思想研究B」は、先述のように中世密教・神仏習合・中世神道等を対象とするが、それらは多くが師資相承の秘説である。そして儀礼と密接であるから、煩瑣かつ晦渋で衒学的とも見える。そのため筆者を含む一部の研究者によって、いくぶん周囲の研究環境から独立した形で急速に進展したきらいがあり、エリア外との互換性に問題の生じる側面があったようだ。中世神道思想史研究で知られる原克昭氏が、『説話文学研究』四八号（二〇一三年）において学界のジレンマとして語った次の発言からもそれが如実に窺える。原氏によれば、中世神道思想史という学問領域は、とりわけ説話研究など隣接諸領域から注目される反面、書評段階になると、俄かに一部の特殊領域として特化される傾向が認められ、結果的に同窓同学の先輩—後輩ラインで評価しあうこととなると言う（一六五頁）。説話文学会は、それこそ中世神道や宗教儀礼研究の担い手であったと言えるが、こうした傾向が指摘されてしまうのである。

そして筆者自身も、この前号である『説話文学研究』四七号（二〇一二年）において、伊藤聡氏の『中世天照大神信仰の研究』を書評し、同時に伊藤氏は拙著『神仏と儀礼の中世』を書評するという形になったため、友人から仲間褒めと揶揄された。このような限定された研究空間で行われる相互評価はドメスティックであり、隣接諸領域との対話が、いまだに不充分であるという印象を禁じ得ない。筆者は、伊藤氏への書評の終わりに、「以前、日本史系の学会で報告者の方が、「あまり中世神道の世界には深入りしたくない」という趣旨の発言をされた場に居合わせたことがある」（二四二頁）と記したが、日本中世史において寺院史・仏教史の研究を行っていても、「中世宗教思想研究B」を敬遠する傾向は確かに認められ、時折、周囲から「怪しい世界」とも形容されてしまう。またある学会の大会の際に、知人が「中世宗教思想研究B」に属する報告をしたが、「この報告にコメントできるのは、この場ではあなた（筆者）しか居ないので、是非とも司会を担当して欲しい」と切迫した顔で大会事務局員から要請されたこと、さらにまたある学会では「中世宗教思想研究B」に属する論文が投稿された際、それこそ特殊領域として敬遠されたのであろうが、たらい回しになった挙句、最終的に筆者が査読を引き受けたこともあった。個人的体験から帰納するようで恐縮だが、こうした体験から、筆者は「中世宗教思想研究B」＝ミステリアス中世は、ガラパゴス化していると思う次第である。

続いて山本ひろ子氏の『変成譜』が刊行された翌年の彌永信美氏による書評にちりばめられた、以下のような諸表現を見よう。(24)

> いま、日本の中世学の世界には、異常な知的興奮が渦巻いている。……日本の中世とは、いったい何だったのだろうか。なにしろ、それがとんでもない時代であり、世界であったことだけは確かである……中世日本とは、一つの恐ろしい底なしの渦巻だった……われわれは、仏教と、神道と、神話と、そして厳粛な祭りとが渾然一体となった、異様な高揚に満ちた「儀礼空間」であった中世的現実そのものをかいま見ることができる……儀礼的思考、儀礼的想像力こそが、中世人が自然に身につけていたもので、現代のわれわれにとってもっとも近づき難いものの一つであるに違い

ない。……儀礼こそが、中世的イマジネールのもっとも重要な核をなしていたに違いないからである。……（日本中世とは）具体性と思弁の異常な密着によってまるごと呪術化された世界——。（傍線・（ ）内は筆者）

小川・末木両氏が着目する中世文化・思想における宗教儀礼の創造性という視点は、山本氏の著書に淵源するものであり、彌永氏の読みは、その勘所を見事に剔抉したものであった。ともあれ当時の彌永氏の文体もまた異様な高揚に満ちている。まるごと呪術化された儀礼世界としての中世は、実に「ミステリアス中世」と呼ぶにふさわしく、アンチ近代の先端的問題意識として、特権化された中世が見出されたのだと評せよう。かつての中世的神秘主義への関心の急速な高まりを窺わせるに充分であるが、既述の日本中世史研究者は、こうした論調に耐性が無かったのであろう。

隣接諸領域との充分な対話のためには、特殊領域の互換性を高め、汎用化・普遍化を促す作業が要請される。それは一種の〈翻訳〉である。私見によると佐藤弘夫氏の前掲書『偽書の精神史』は、特殊領域的に進展した「中世宗教思想研究B」の〈翻訳書〉としても位置付け可能である。佐藤氏は次のように強調している。

中世は特権的な宗教者だけでなく、あらゆる人々が神仏の世界と直接の回路をもちうると考えられていた時代だった。しかもそのコンタクトは神仏側からのみなされるのではなく、一定の作法を踏むことによって、だれもが神仏と接触することが可能だった。（一五八頁）

中世の精神世界は神仏とのストレートな交感を重視する、きわめて神秘主義的性格の強いものだった。（二一八頁）

だが佐藤氏はこうした神秘的精神世界を、中世社会が共有したコスモロジーという普遍性の内に捉え込むことでガラパゴス化に陥ることを回避する。そしてかかるコスモロジーを、親鸞・日蓮といった新仏教の頂点的思想家を位置づける座標軸として用いることで、穏健な思想史叙述を可能としているのである。

それに先立ち日本中世史学では義江彰夫氏が岩波新書の『神仏習合』（一九九六年）を上梓し、古代から中世への神仏習合の展開を歴史的に通覧する中で、中世神話の秘説世界を、徹底して中世国家のイデオロギー装置と解することによって、ミステリアス中世と日本史との跨節作業に先鞭を付けている。平雅行氏も「神仏と中世文化」（『日本史講座4』東京大学出版会、二〇〇四年）において、顕密体制論という歴史理論の内部に、ミステリアス中世を厳密に配置することで、神秘的世界へのアレルギーを有する歴史学界との橋渡しを企図している。そうした歴史学サイドにおける〈翻訳〉作業の最新の成果が、上島享氏の大著『日本中世社会の形成と王権』(名古屋大学出版会、二〇〇九年)であることに恐らく異論はあるまい。毎夜宮中で天皇の身体を護持するために、密教僧が修した神仏習合儀礼の次第書である『護持僧作法』を分析する論文「日本中世の神観念と国土観」など、ミステリアス中世に対し周到な歴史学的希釈処理を施した研究が多数収録されている。かくして中世史学上における「中世宗教思想研究B」の再文脈化は大きく進行しているが、その反作用として、神仏習合思想が生成した教説を評価するための先鋭的なタームとして山本氏らが用いた「中世神学」も、イデオロギーという近代的かつ普遍的な用語と同義化せざるを得ず、その批評的効力が削減されることは残念である。

六、「中世宗教思想研究B」と時代情況の変動
――研究方向の再設定へ

上述のように、「脱呪術―近代化―世俗化」論のオルタナティブ(ポストウェーバー的問題意識)として、「中世宗教思想研究B」は存在しており、時に中世ルネサンスとも評されるが、それが日本思想史学会の中世部会を活性化させている訳ではない。「中世宗教思想研究B」の方法的な先鋭性を、歴史学がイデオロギー論の内に回収する形で〈翻訳〉しようと努める在り方は、ガラパゴス化の症状を逆照射するものでもあろう。そして仲間内で書評しがちな閉鎖的現状は、「中世宗教思想研究B」の重要性の認識は共有されながらも、実際の所は継子扱いされているのではないか、という疑念をも抱かせるものである。「中世宗教思想研究B」は「中世宗教思想研究A」と異なり、確たるディシプリンを持たないがゆえに、複数の研究領域から多様にアプローチされるという周縁性を有している。そして領域的に固定化され難い流動性と、それゆえに容易にパラダイム形成がなされないといった性質は、継子的であることの要因ではないかと思われる。いずれにせよ「中世宗教思想研究B」の興隆とは、既存の学問的布置からすれば明らかに周縁部の活性化なのである。先の引用のように、末木氏が中世思想史研究を進展著しいと評価したのは、主にこの点に関してのことであるから[25]、思想史学という固有領域(「狭義の思想史」)から問う場合には、それが実感し難いのも頷ける。

ともあれ、かかるガラパゴス的な周縁部の活性化は、「中世宗教思想研究A」において近代的な分析方法と評価基準から高く評価された親鸞・道元といった研究対象の相対化と、非合理性・神秘性への傾斜を見せたのである。この部分に関

わって森氏や下川氏からの発言もあった訳だが、それを一部の思想史研究者の反応とのみ限定しておくことは果たして適切だろうか。もはや現在は「ポストモダン以後（ポスト・ポストモダン）」であり、近代主義批判という研究モードのアクチュアリティそのものが問われてくると思うのである。筆者には神秘主義重視に対する懐疑的立場は、こうした学問的な空気の変化に起因する部分もあるように感じられる。

そもそも「中世宗教思想研究B」には、ポストモダンとの親和性が認められるが、それは一種のカウンターカルチャーの流れに棹差しながら「中世宗教思想研究B」が登場してきたためである。一例として中世神道研究の文脈を見てみよう。一九八〇年代は中世神道研究の沸騰期とされ、一九九〇〜二〇〇〇年代が定着期であるが、沸騰期の特徴は、一九七〇年代からのアカデミズム外部（在野の研究者・批評家・作家）における日本的オカルティズム・神秘主義への関心が、大学の若手研究者に影響を与え、既存の学会外部の同人誌的研究会等で成果が発表された点に認められる。山本ひろ子氏も当初、そうした場で研究・執筆を行っていたのである。またこの時期のニューアカデミズム系の雑誌でも、神秘主義や神道が注目され、そうした雑誌の執筆メンバーには、九〇年代以降の研究を牽引してゆくことになる若手研究者が含まれている。かくして八〇年代にアカデミズムの周辺で高まった関心が、九〇年代に学界で徐々に認知され定着してゆく。[26] こうしたムーブメントは、チャールズ・テイラーやデビッド・マクマハンが言うような、「脱魔術化した近代」への揺り戻しとしての「再魔術化」の一環であると社会学的には説明できよう。

そして神秘主義への注目は、中世神道と密接な中世密教など呪術・儀礼的世界への探求としても展開した。八〇年代には中沢新一の影響下に中世密教の陰画と言える「真言立川流」を中世史の叙述に導入した網野善彦『異形の王権』（平凡社、一九八六年）も発表され、大きなインパクトを与えた。このように八〇年代は「中世宗教思想研究B」の沸騰期であると再定位できるが、佐藤弘夫氏は、より直接的にポストモダンの隆盛と一体的に事態を把握している。左翼運動が一挙に退潮した七〇年代は、近代主義的・マルクス主義的な進化の物語（ナラティブ）の終焉であり、モダンからポストモダンへの時代思潮の移行が始まったため、近代化の理論と語りによって支えられていた鎌倉新仏教論に代わって、密教・修験・神仏習合といった合理性を超えた宗教世界が浮上してきたとし、顕密体制論の提起もこの時代動向と無関係ではないと見る。[27]

こうした同時代性の他に、具体的な連環性にも目を向けてみよう。磯前順一氏は、一九八三年に出版された浅田彰『逃走論』や中沢新一『チベットのモーツアルト』などが、ニューアカデミズムにおける「主体の死」の解釈であったとし、浅田はドゥルーズを独自に読み込み、永遠に「外部」に逃走し続けることの爽快さを、中沢はユングやエリアーデの影響のもと、大いなる「全体性」へと回帰することの素晴らしさを説いたと総括する。[28]ニューアカデミズムについては伊藤氏も言及する所であったが、それは近代の原理である「主体」に対して死を宣告するポストモダンの潮流が八〇年代日本的に受容されたものであり、その俗流化でもあった。ポストモダンの知的空間においては反近代的な非合理性・神秘性が復権し、「中世宗教思想研究B」が盛行するが、そのことと、この「主体の死」の八〇年代日本における解釈という問題との間には、いかなる相関性が見出させるだろうか。「中世宗教思想研究B」における、頂点的思想家論の欠如という観点から考えてみたい。

例えば中世神道の教説においては、親鸞のごとき整合性のある思想主体は極めて立てにくい。そのことは次のような中世の口伝書『異本大事』の一節を瞥見するだけで充分であろう。

天照大神は奥砂本尊なり。大日・観音は二尊合成して十一面の義なり。十一面には一字金輪を以って本尊と為す。即ち十一面観音の体は、諸仏成道の本意、内証の理を顕す。衆生の為、法輪を転じんとするなり。しかして顕理の辺を以って、大日と為す。法輪を転じて釈迦と為る。二尊合して金輪と為る。これに依りて、大日は自在天より降り、釈迦は人間の地より登る。忉利天に於いて、合して金輪と為る。これ則ち観自在尊成道転法輪の義なり。[29]

奥砂本尊とは密教の秘法である如意宝珠法の本尊の意である。一般に天照の本地仏は大日如来や十一面観音とされるが、ここでは遥かにその内実は複雑化しており、天照大神という神の本質が、あたかも仏尊の融合体によって構築されているように説かれている。そして天照に始まり仏・菩薩が次々に転変してゆくかのごとき記述様式は、明らかに密教修法における観想の実践（念誦法）を背景とする教義的説明である。つまり儀礼的思考なのである。

注目すべきは、この多様な神仏の関係が、本地（本体／仏／上位）―垂迹（化身／神／下位）といった整合的・階層的・秩序的なものとは決して記述されず、単一の起源に発することない、無秩序にも見える融通無碍な横断的関係としての同体説において表現されていることである。[30]意味の増殖と評して差し支えないが、こうした教説の特質を、かつて伊藤氏が次のように評したことから、さらなる示唆が得られよう。

中世の神仏関係を巡る諸言説は、相矛盾する説が併存し、しかもそれらが矛盾を孕んだまま結び付き、また新たな説を生み出していく混沌とした言説世界を構成している。これらは特定の方向に収斂していくことなく、いわばリゾーム状の関係性の中に共存している。[31]

「思想主体」を起源として、そこから教説をツリー型のモデルで把握する研究法は通用しそうにない[32]。リゾームとツリーとは、正にポストモダンを代表する思想家であるドゥルーズの用いた有名な対概念である。そして彼も、むろん「主体の死」を語っている。「主体の死」（主体の幻想性／主体の脱中心化）という雰囲気は、いかにも無主体的に映るリゾーム状の中世神道説と適合性があろう。ここからも「中世宗教思想研究B」とポストモダンという一九八〇年代思潮との通底が窺える[33]。「中世宗教思想研究B」は、近代的主体―ツリー型―頂点的思想家論といった位相とは根本的にずれているのである。

一九八〇年代に沸騰した「中世宗教思想研究B」は、多分にポストモダン的な動向に根差すものであり、その研究潮流は二〇一〇年代も終わろうとする現在に及んでいる。しかし時代・社会の情況は大きく変動している。かつて国民・家族・個人といった強固な主体の存在が前提とされていた時期には、主体の死を説くことに一定の効果があったが、ポストモダンの思想家であったフーコーやデリダが後に転回していったように、主体の流動化が前提となる現代社会では、新たな価値規範のもとで他者と共存可能な主体化過程を模索することが急務であると、磯前氏は説いている[34]。主体の死というポストモダンの掛け声は、現在、その戦略的な批評性を喪失している。ポスト・ポストモダンと言われる所以が、そして時代情況の変動が、ここからも充分に理解できよう。

「中世宗教思想研究B」は今も健在で研究書の刊行が相継いでいるが、そろそろ自らのルーツを再帰的に対象化することを通して、次なるフェーズへの移行を意識する段階に至っているのではないか。最早詳述の余裕はないが宗教儀礼にしても、例えば晩期フーコーが新たに試みたように、主体化作用といった視点を導入してゆくことが課題となるかもしれない[35]。そしてポストモダンにおいては、近代に回収されないものとしての中世的神秘性が特権的に見出されてきたと言えるが、近代批判モードの延長というべき中世思想研究を単純に継続していても、後続の時代である近世との対話（時代区分超え）が困難であることは確かであり、やはり研究の方向性の再設定が要請される[36]。最近、中世神話と「近世神話」の連続性を論じる新たな研究が登場してきており注目されるが[37]、こうした中世的神秘主義の特権性を脱構築してゆく営為には、ガラパゴス化の克服という意味も含めて学ぶべきものがあろう。ポストモダンのマインドから転位し、これまでの研究蓄積を新たな批評性の獲得に向けてアップデートさせてゆくことが、「中世宗教思想研究B」の今後にとって重要であると考える。

註

（1） この文章はウェブ上で閲覧できる（http://ajih.jp/event/2017taiwa.htm）。なお思想史研究においては、独自の基準によって古代・中世等の時代区分を定義しても良いはずだ。「思想史における中世とは何か」といったことが、もっと議論されるべきであろう。

（2） 顕密体制論に対する思想史学者による概説として、佐藤弘夫「中世仏教研究と顕密体制論」（『日本思想史学』三三号、二〇〇一年）を挙げておく。

（3） 伊藤聡『神道の形成と中世神話』（吉川弘文館、二〇一七年）参照。

（4） 中世文学の立場から中世神道を研究している小川豊生氏は、中世神道の教説は「思想」として昇華する以前のもの、「思想史」というある種の高みに位置づけることができないものであり、そのまま堅固で立派な「思想史」に組み入れることが可能かどうかと問うている。そして中世密教が生み出した神道書の精華たる『麗気記』について、その「本文のあまりに捉えどころのなさを思うとき、それが不可能事であることの意味の方を、もっとじっくりと考えなければならない」と語る（『説話文学研究』四八号、二〇一三年、一五三頁）。

（5） 中世文学の領域における宗教儀礼の非常に包括的な最新成果として、阿部泰郎「中世仏教における儀礼テクストの総合的研究」（『国立歴史民俗博物館研究報告』一八八号、二〇一七年）がある。また阿部氏は『日本思想史学』（四一号、二〇〇九年）にも「「魂の書物」の発見をめざして――寺院資料調査研究の現場から」を寄稿している。儀礼研究も文学から思想史へと波及してきたのである。

（6） 「〈日本思想史〉は存立可能なのだろうか」（『日本思想史学』四八号、二〇一六年）三〇～三一頁。

（7） 「越境する日本思想史――思想と文学の垣根越え」（『日本思想史学』四六号、二〇一四年）一頁。

（8） 筆者は、「広義」と「狭義」が弁証法的な動態性を保持した緊張関係にあることで、思想史研究の深化・進化が齎されると考える。

（9） 近世史学の大家である尾藤正英氏は、「そもそも思想史の研究というものが、独立の体系ある学問として成立し得るのか」と問うている。歴史学の（特殊な）一部門としての思想史研究の意義は認めるという立場だが、自立的（自律的）な思想史学＝「狭義の思想史」には懐疑的である。「日本思想史と歴史学」（『日本思想史学』四三号、二〇一一年）参照。

（10） 日本思想史学会の大会では、「越境する日本思想史――

思想と文学の垣根越え」（二〇一三年）、「死者の記憶――思想史と歴史学の架橋」（二〇一四年）という脱領域型の研究を志向するテーマでシンポジウムが行われている。

(11) このことは最近、新出の文献資料に即して着実に解明されつつある。『中世禅籍叢刊』（臨川書店）参照。

(12) 「余白」については、磯前順一氏の『喪失とノスタルジア――近代日本の余白へ』（みすず書房、二〇〇七年）等に学んだ。ここでは、近代的な認識の枠組みには回収されないもの、近代の自明性を問い続けるものの表現として使用した。「近代の余白としての中世」は批評的概念である。これに関連して述べるならば、伊藤聡氏の中世神道研究は、近代の国家神道へと回収されない、かつての神道が内包していた可能性を見届けたい、という問題意識から発している。「近代国家神道の余白としての中世神道」と表現できよう。『現代思想二月臨時増刊号 総特集 神道を考える』（青土社、二〇一七年）の討論「歴史としての神道――神道の可能性をめぐって」（一九三頁）参照。

(13) これらが中世宗教世界の基調を成していたことは、現在も倦むことなく地道に継続されている、聖教（しょうぎょう）と呼ばれる寺社資料類の積極的な発掘・紹介と分析研究の進展が示す所である。

(14) 近代的な認識の枠組が評価し得なかったものの「復興（ルネサンス）」の謂いであろう。ただし網野史学は、もっと早くに知の表舞台（アリーナ）を去っている。

(15) 四八号掲載の森氏コメント文章では、「脱呪術」となっている。

(16) なお四八号掲載の森氏コメント文章は文字数が非常に制限された中で執筆されており、儒学や合理性について触れるいとまがなかったようである。当日のコメントに際してはスライドが用いられており、コメント文章の限定された内容を補うことができるため、本稿はそちらも参照している。なおスライドはPDF化したものがウェブ上で閲覧でき、そこで儒学・合理性への言及がなされている（https://researchmap.jp/m80638718）。

(17) ただし「中世固有の思想の論理」というのは、「近代に回収されない中世」という問題意識とも連携可能であろうし、それを明らかにするためには、むしろ積極的に隣接諸学との協働が要請されるのではないか。

(18) この辺りの事情は少々複雑であるので、森氏の研究ブログ（二〇一七年一一月五日付）を参照（https://researchmap.jp/m80638718）。

(19) 戸頃重基氏に『鎌倉仏教』（中央公論社、一九六七年）という著作がある。むろん仏教に限定されたものであり、神祇などはもとより射程に入っていないが、親鸞・道元・日蓮の新仏教三名のみを扱い、鎌倉仏教を名乗っているのである。この三名で鎌倉仏教が代表可能であると信じられた時代の産物であり、神仏習合などは評価されようはずもない。
(20) 後掲する佐藤弘夫『偽書の精神史』（吉川弘文館、二〇〇二年）は、そのための試みである。
(21) なお親鸞・道元＝脱呪術と定義すれば、一方で顕密仏教＝呪術という二項対立的な理解が成立し易い。しかし平安末期の顕密仏教は、親鸞や道元を生み出す母胎ともなる高度な学問体系（合理的・実証的な文献学）を構築しており、また呪術にしても、それは高い合理性を保持した呪術とされ、人間的努力と神仏への祈り、合理性と呪術との協働が中世であるとされる（平雅行「日本中世は呪術からの解放の時代か？――中世仏教の合理と非合理」、『適塾』四八号、二〇一五年）。中世における呪術・非合理と脱呪術・合理の関係には、きめ細かな分析が必要である。またすでに宗教社会学では、近代日本社会においても、合理的宗教と呪術的宗教（あるいは宗教と呪術）が相互浸透的である点に日本の文化的特性を読み取る研究が行われている。
(22) 『岩波講座 日本の思想7』五九頁。
(23) 筆者もパネラーとして登壇した日本思想史学会大会シンポジウム（二〇一二年）のテーマは「巡礼・遍路の思想」であった。聖所での参籠（籠り）や聖地巡礼が通過儀礼の機能を有する事例からも明らかなように、参籠や巡礼は儀礼のコンテクストに位置付けることが可能である。百日を期した親鸞の六角堂参詣―参籠、そして夢告の感得とは、叡山という巨大な顕密教団を離脱し、法然の専修念仏教団へ投じ遁世僧となってゆく通過儀礼であったと言える。
(24) 『思想』八三八号（岩波書店、一九九四年）九五～九八頁。
(25) ぺりかん社の『日本思想史講座』は、末木氏が編集したことによって、従来よりも裾野の広い中世思想史の巻構成になり得たとも評価できる。
(26) 以上は、伊藤聡「中世神道・神祇信仰の観点からみた説話研究」（『説話文学研究』四八号、二〇一三年）に詳しい。ちなみに伊藤氏が中世神道に興味を持ったきっかけは、八〇年代オカルトブームの火付け役であった荒俣宏氏が編纂した『世界神秘学事典』（一九八一年）にあったという。『中世天照大神信仰の研究』（法蔵館、二〇一一年）の「あとがき」参照。
(27) 以上の議論は、佐藤弘夫『鎌倉仏教』（ちくま学芸文庫、二〇一四年）の「鎌倉仏教論を読みなおす――文庫化によせて」を参照。むろん佐藤氏は顕密体制論の近代性にも言及している。
(28) 「植民地主義としての天皇制国民国家論――西川長夫の「主体の死」をめぐる思考より」（『国家の論理といのちの倫理』新教出版、二〇一四年）参照。
(29) 『金沢文庫の中世神道資料』（神奈川県立金沢文庫、一九九六年）所収（原漢文）。私意にて一部の表記や読みを改めた。
(30) これは最早、イデオロギーとは呼べない。非合理的とも言われる所以である。中世神道思想とは、顕密仏教の世界から生成しつつも、その「言説編成」をすり抜け、さらにこれを攪乱してしまうような一種の「言表行為」として捉えてゆく必要があろう。早くからこの点に自覚的であったのは、歴史学と文学を越境する桜井好朗氏である。『祭儀と注釈』（吉川弘文館、一九九三年）、『儀礼国家の解体』（吉川弘文館、一九九六年）参照。なお日本中世史においても、ポストモダン全盛期であった八〇年代以降の網野社会史ブームは「近代からの逃走」であり、「国家からの脱却」であった（『岩波講座日本歴史6 中世1』二〇一三年、五頁）。桜井氏はピエール・クラストル『国家に抗する社会――政治人類学研究』（一九七四年刊）を参照枠として、一元化を拒否し分裂と重層化を見せる『麗気記』の中世神話に、「一なるもの」としての国家を退けようとする姿勢を認めている。近代から逃走し、国家から脱却しようとするポストモダン的空気は、確かに桜井氏の中世神話論の内にも窺える（『中世日本の神話と歴史叙述』岩田書院、二〇〇六年、一六四頁）。

(31) 伊藤聡「中世神道説における天照大神――特に十一面観音との同体説を巡って」（斎藤英喜編『アマテラス神話の変身譜』森話社、一九九六年）二八三頁。

(32) 実際には、ツリー状に把握できるように研究者が概念上の操作を加え、かついかにも整合的であるように論文で叙述するという面もあるが。

(33) これはテクスト論（ポストモダンにおける批評理論）の標語たる「作者の死」とも繋がり、作者（起源・主体）を前提としないテクスト論は中世神話研究に影響を与えた。阿部泰郎「〝日本紀〟という運動」（『国文学 解釈と鑑賞』八一四号、一九九九年）参照。

(34) 「謎めく死者のまなざし、そしてざわめく声――酒井直樹の翻訳論再考」（『〈死者／生者〉論』ぺりかん社、二〇一八年）。さらに磯前氏は、フーコーを引きつつ、主体を構築しない人々（主体の流動化）をそのまま権力の中に埋め込むという、現代の「生政治」の在り方を問題化してゆく。「祀られざる神の行方――神話化する現代日本」（『他者論的転回――宗教と公共空間』ナカニシヤ出版、二〇一六年）参照。

(35) 当然だが、これは近代的主体への逆戻りではない。『自己のテクノロジー』（岩波書店、一九九〇年）参照。中世宗教儀礼の主体化作用については、受戒儀礼など律宗をモデルケースとして別稿にて論じたい。

(36) 今や中世的神秘主義を論じているから、自分は近代性を克服し得ているのだ、などと勘違いする研究者もいるまいが。

(37) 斎藤英喜『古事記はいかに読まれてきたか――〈神話〉の変貌』（吉川弘文館、二〇一二年）、同『異貌の古事記――あたらしい神話が生まれるとき』（青土社、二〇一四年）参照。

（ふなた じゅんいち・金城学院大学教授）

時代区分と天下の大勢——伊達千広『大勢三転考』と内藤湖南——

濱野靖一郎

一　『大勢三転考』と先行研究

日本思想史の「時代区分」論として、石田一良編『時代区分の思想』（ぺりかん社、一九八六）は代表的なものである。石田氏は同書の序文で、「時代区分は歴史研究の始終であり、歴史家の思想の中核である」と指摘する。「時代区分」が歴史家の中核ならば、独特の時代区分で知られる『大勢三転考』（以降『三転考』）を著した伊達千広は、理想的な歴史家といえる。

『三転考』の時代区分は現在どのように整理されているのか。子安宣邦編『日本思想史辞典』（ぺりかん社、二〇〇七）の高橋章則氏による記述が一般的だろう。

> 固有の制度に着目し動態的に日本歴史を把握しようとする本書の時代区分論は、従来の『愚管抄』や『読史余論』などの歴史書に見られる時代区分論とは相違する国学流の時代区分論である。

「固有の制度」「動態的」そして「国学流」がキーワードである。こうした理解の前提として、小沢栄一『近代日本史学史の研究――十九世紀日本啓蒙史学の研究 幕末篇』（吉川弘文館、一九六六）第五章第二節第二項「時代区分論」における『三転考』論が挙げられる。小沢氏は『三転考』が「かばね」

「つかさ」「な」で日本史を三区分したのをこう評価する。

その一つ、二つ、三つが、それぞれ「上ツ代」「中ツ代」「下ツ代」と規定されるものであった。これは、日本歴史の時代区分について、はじめて内容的に概念規定を与える結果になった、という注目すべき業績といわねばならない。

「時代区分論の最初」である『愚管抄』は、「慈円の特殊の政治的主張を明確にする」のが目的で、「何か精神史的な基準に基づく時代区分論」ではない。『読史余論』は「きわめてはっきりした時代区分をおこな」い、歴史を「変遷の概念においてとらえるという、その基準の一つを確立した」。しかし、「内容的に時代の性質を規定する」までいかず、「時期区分」とした方がより適切とする。「そのような意味において、日本の歴史にはじめて本格的な時代区分をおこなったのは、『大勢三転考』」というのがその結論であった。

しかし、幕末まで日本に時代区分論はなかったのだろうか。答えは否である。『時代区分の思想』所収の石毛忠「『大勢三転考』における時代区分法とその思想的根拠」に以下の指摘がある。「歴史の三区分法はすでに古代中国において用いられている」。『漢書』『韓非子』『荀子』で使用され、「降って唐代に劉知幾の著した『史通』においても、歴史が「遠古」「中古」「近古」に三区分され」、「古代中国の三時代区分法はかなりはやくから我が国に伝えられていたと推察され」る。

「江戸時代」の「三時代区分法の事例」を挙げると、まず山鹿素行『謫居童問』である。素行は日本を㈠「郡県の法」の時代、㈡「封建の法」の時代、㈢「封建・郡県」併行の時代の三期に区分していた。そして『読史余論』と賀茂真淵『延喜式祝詞解附記』『新採百首解附記』、山片蟠桃『夢の代』等を挙げ、「日本史を大きく三区分すること自体はけっして『三転考』独自の時代区分法でなかった」とまとめる。

『三転考』以前に、制度の変遷による時代区分論は存在していた。封建郡県論は、前田勉「近世日本の封建・郡県論の二つの論点[1]」が適切に整理している。

近世日本において日本の歴史像を描く際、封建・郡県概念は、ほとんど唯一の枠組みであったことは間違いない。その際、自己の生きている徳川の御代を封建制の時代ととらえたうえで、それまでの歴史過程をどのように理解するかの違いによって、二つの時代区分が生まれた。

一つが「七世紀の律令制度導入を中国の郡県制の採用ととらえ、それ以前の「上古」を封建の代とみなし、封建から郡県に移行し、そしてさらに武家政権の成立によって、郡県からもう一度、封建に転じたとする三分法」である。もう一つが「日本歴史を郡県から封建への展開ととらえる二分法」であった。

「春台は、日本の古代は野蛮盛会で、「道」という言葉もなかったと非難」し、これに対する反論として宣長の三分法が示された。宣長は上古を封建と表現することにためらいがあった。千広が「骨の代」→「職の代」→「名の代」と表現したのを次のようにまとめる。

千広はまったく別の枠組みを日本の歴史から抽出することによって、宣長の歴史認識を発展させたのである。ここにいたって、日本の歴史の中から封建・郡県概念とは異なる政治性と社会制度の枠組みが抽出されたといってよいであろう。

苅部直『「維新革命」への道』（新潮選書、二〇一七）第九章はこう述べている。

千広は国学に志す前には漢学、おそらく朱子学を学んでいた。「骨」「職」「名」という時代区分は一面で、同時代の儒者達が日本史を論じるさいに用いた、封建制・郡県制・封建制という時代の順序を、国学流に呼び替えたものだったのである。

千広の時代区分論は、徳川時代の漢学者と国学者による、封建郡県論の文脈上に置かれるものであった。[2] 加えて苅部氏は、「大英断」の尊重などから千広と頼山陽との類似性を指摘している。ただし、千広が山陽の著作を読んでいたのか否かはわからない。[3] 山陽の「勢」と千広の「自然の勢」とを比較している先行研究はいくつも見られ、その殆どは人間の主体的な働きかけの有無を違いとしていた。しかし、それは妥当だろうか。両者の「勢」論について再検討の必要がある。

二　内藤湖南と「天下の大勢」

『三転考』はいつ頃から注目されるようになったのか。同書は陸奥宗光らの懇請により明治六年に初めて公刊された。嘉永元年の脱稿から二十五年の間に、写本として流布していたのかはわからない。先行研究で紹介されている同書に対する言及は、最も古いものが加藤弘之や小中村清矩によるものである。[4] それも目立ったものではなく、幕末から明治において、注目されてはいなかった。

『三転考』が知られるようになった切っ掛けは、実は内藤湖南であった。『三転考』の先行研究に、湖南の「白石の一遺文に就て」（『内藤湖南全集』第一巻、筑摩書房）はよく引かれる。

大体白石は、経綸家としての気象は親房に及ばず、古代を正直に真実に解釈した点では徳川の末に出て大勢三転考を書いた伊達千広に及ばない。其点で白石の読史余論は完全とは云へないと思ふ。ざっと日本の目立った史家としては、大鏡・愚管抄・親房・白石・伊達千広、これ位で日本史学史は出来上らうと考へる。

宮崎市定「内藤史学の真価」によると、湖南が『三転考』に言及していたと宮崎氏が松本彦次郎氏に伝え、『史学名著解題』で松本氏が取り上げたために『三転考』は世に知られるようになった。[5] 第六回日中学者中国古代史論壇の成果である、渡邉義浩編『中国史の時代区分の現在』（汲古書院、二〇一五）には、気賀澤保規「内藤湖南の時代区分論とその現代的意義」を代表に湖南は多く取り上げられている。中国史の時代区分論において、湖南の説は今も再検討する価値を持っている。その湖南によって『三転考』が見いだされた、ということは見落とすべきではない。湖南の時代区分論は『支那上古史』（一九四四）「緒言」にまとめて出されている。

真に意味ある時代区分を為さんとするならば、支那文化発展の波動による大勢を観て、内外両面から考えなければならぬ。

「大勢」が湖南の「時代区分」で最も重要とされる。それはやはり、湖南の学問の根幹が頼山陽だからであり、湖南の弟子・三田村泰助による『内藤湖南』（中公新書、一九七二）で詳しく語られている。同書で紹介された湖南と山陽の学の関わりは次の様になる。

湖南の父、調一（十湾）は那珂梧楼に学び、「予の活学問を悟りしは、実に梧楼先生の賜なり」とまで述べている。梧楼は森田節斎、坂井虎山に学んでおり、この二人は山陽の直弟子であった（また、那珂通世は梧楼の養子）。調一は山陽に傾倒し、息子に自ら『外史』を教えている。湖南は「耶馬渓図巻跋」[6]（大正三年十二月）で父と山陽との関わりをこう述べる。

先子十湾府君、業を那珂梧楼先生に受く。先生の師森田節斎先生は頼山陽先生の門に出づ。先子 頼氏を尊信すること尤も篤く、其の少事 頼氏の遺書を手鈔し、篋笥に積盈す。是を以て余、勝衣学に就くや、已に尽く頼氏の書を読み、其の史論、書紀、古詩、楽府の若き多く能く諷誦口に上す。其の後百氏を渉覧し、経芸を穿穴し、力を乙部に耑にす。粗学術の流別を知るも、未だ頼氏の択取する所有るを免れず。然れども家学の自ら其の緒論とする所、未だ嘗て之を尊重し尋繹せずんばあらざるなり。

湖南は自らが山陽の学問から出発し、そこから逃れようとしてなおもその影響下にいることを自覚していた。三田村氏はこう述べている。

山陽の絶妙な詩文章が若き日の湖南のそれに多くの影響があったとみてよい。私が晩年瓶原で先生に直接うけたまわったときも「山陽は本来の漢文の出来る人」と評価されていた。

師範学校時代の書簡では、明治十七年、父の調一に対して『日本政記』の購入意思を伝え（九月十三日）、一円六十銭で買ったことを報告する（九月二十一日。書簡は全て『全集』巻一から）。そして関藤成緒との出会いは注目すべきである。関藤から教育学、心理学、経済学などを学び、「大変見込まれ、後東京へ出てから大変役に立った」[7]。また、卒業後は『明教新誌』主催の大内青巒を紹介してもらうなど、自分を引き立ててくれた恩人として湖南は終生感謝していた[8]。関藤の来歴を見てみよう。

学校長関藤成緒氏も此中に降るべくと風説致候考へ候に、関藤藤陰翁の親族にも可有之哉。翁、名は成章、元と石川氏にて、山陽の弟子なり。日本政記の元亀以後の記事は山陽の遺託を受けて、翁の作りし者と政記にも有之候。且翁は政事に長せられたる趣、阪谷朗廬の碑文に見得候。若校長は翁の子孫にても有らば、儒家ならんかと存候。今迄は文部省の属官の由。（十月三十日）

名前の類似から、関藤藤陰の子孫では、と湖南は期待している。藤陰はたしかに『政記』記事を代筆し、阿部正弘の側近となった山陽晩年を代表する弟子であった。

同氏は藤陰翁の女婿にて、藤陰翁没して嗣なきより入て後を受けたる人の由なり。（十二月二十日）

この時は関藤のあまりの厳しさに失望を覚えるも、すぐに親しくなる。

此間関藤校長の許を訪ひ候処、学校に於て酷厳なるに不似合、至て丁寧に御座候。追々親敷相成候へば、山陽書なども借覧可致心得に御座候。（明治十八年一月三日）

湖南と山陽の学問との関わりは、この様に深いものであった。しかし、三田村氏は「十湾にとって山陽は信仰に近いが、湖南はその気概と叙事の才を認めて学問を切り離している」と評し、同書も山陽から脱皮していく湖南、というモチーフがうかがえる。山陽をよく読んでいなかったのか、その後の湖南の学問における山陽の影響は掘り下げられていない。

その点について、検討してみたい。まず、湖南の山陽への言及は、『近世文学史論』で次の様に描かれる。

> 頼山陽、私史を修めて、文明一世を蔽ひ、其の議論白石等先輩に資ること多しと雖も、文気秀逸、歩驟度に合し、叙事の妙に至りては、前に古人なし、従遊極めて盛んに、関西の文柄、殆んど其の手中に帰せり。一斎・艮斎、東都の大家と称すと雖も、其の著述文章、能く当時の風気を変じて、世好人心を動かすの大なるは、蓋し山陽の什一を望まず。(「儒学上」)

続く「儒学下」は、「大勢の物氏に集まるを知るに足る也」や「亦実に此の形勢あれば也」等、山陽の口吻を連想させる儒学史叙述が繰り広げられる。学問的な業績以外ではジャーナリストとしての文章において、「天下の大勢」「形勢」等の「勢」論は、分析の根幹といって良いほど多用される。一八八八年に『万報一覧』に載せた「防御論」では、「吾国人の患ひは智力の乏きにあらずして気力の弱きに在り」など、『通議』「論機下」を彷彿させる言葉を使う(『全集』第二巻)。また一八九一年に『国本』にのせた「革新の時機」は、「賈誼」「蘇洵審敵」「利」「名実」「実用」「時機」「権」そして「政権の武門に移る」など、山陽の着眼をそのまま移したかの如くである(『全集』第二巻)。「時勢の推移、当さに深く心を留めざるべからざる也」と述べ、

> 僅に能く一時小康の外相を現ぜしと雖も、大勢は長へに定らずして已むべからず、一爆発の後、必らずや大に新時代に入り去らんとす、而して議会開設は実に此に一警策を与ふる者也。

とするところなど、山陽の着眼で明治の時代を論じていることにほかならない。「天下の大勢」は明治以降定着していく概念で、徳富蘇峰、田辺太一、そして福地桜痴も「天下の大勢」を多用している。[9] 桜痴の父は山陽の弟子であった。そして湖南もまた、山陽の流れをくむ者であった。

本稿が『三転考』を取り上げるのは、「天下の大勢」論形成史として、である。[10] 湖南はまさに、「天下の大勢」と「時代区分」の関連を『三転考』に見た。それでは次に、『三転

考』における「大勢」と「時代区分」を、山陽と比較して検討していきたい。

三　山陽の時代区分

比較対象とするために、山陽の時代区分論（及び「勢」論）を先に整理する。山陽の政治・歴史理論の根幹である「勢」は、『通議』「論勢」でこう説明されている(11)。

天下の分合・治乱・安危する所以のものは、勢なり。勢なるものは漸以て変じ、漸以て成る。人力の能く為す所に非ず。而れども其の将に変ぜんとして未だ成らざるに及びて、因りて之を制為するは、則ち人に在り。人は勢に違ふこと能はず、而れども勢も亦た或いは人に由りて成る。苟諉して是れ勢なりと曰ひ、而して肯へて之に謀を為さず。之に謀を為すも其の勢に因らず。皆勢を知らざる者なり。故に勢は論ぜざるべからず。

動的で止まることの無い世界と、それに翻弄されつつも主体的能動的にその変化を制御していく人間、「勢」と「人」の関係はこうまとめられる。続けて何故日本の制度史が二分法となるかが説明される。

国朝の始、臣・連を以て政を執り、国造・郡司を以て海内を分治す。世襲有り、否らざる有り。是れ国朝自有の勢なり。後に其の勢に因り、以て其の制を定む。六十六国の守を置き、選任・易置するは、朝廷に由る。秦宋の郡県、元明の省府の如きものなり。兵団を辺要に置き、更番・屯衛するは、唐の府兵の如きものなり。而して国守の権は太だ軽し。其の兵を典るものは、任を積みて移らず。世相の臣は、政を内に専らにす。而して世将の臣は、方偶に窃拠す。天下分裂し、而して終に源氏に帰す。

「其の勢」と「其の制」の違いは、慣習法と成文法の違いに近い。「其の勢」とは、それまでそうしてきた慣習としての制度・社会情勢である。それにある程度の変更を加えて明文化し、制度として確立する、それが「勢に因り、以て其の制を定」めることである。ここで山陽は、「国朝自有の勢」は封建でも郡県でもないと指摘する。

『政記』神武天皇論賛に細かい説明がある。神武東征後に各地の首長を命ずる際に、「新たに銓する者有り、其の故に因りて之を用ふる者有」る状況であった。そして「政は天造に任せ、甚だ明制無」かった。そうした状態が「漸く既に弛廃・因襲」していき、「天智は修めて之を釐め、大いに司牧の制、考課黜陟の報を定め」たという。神武帝の時には明確な制度が無く、天智帝の時に確立した、という考えは孝徳天皇論賛でも示されている。

郡県制の確立は、天智帝の独創によるものではない。それは「神武の志を成し、以て範を百王に貽すもの」である。神武帝の意図を汲んで設計したからこそ、「祖宗の制を革め、開国以還既に成るの勢を変」じることができた。また、「一朝にして能くすべ」きことでもない。漸く変化してきた勢をよく理解し、その上で制度設計をした成果である。

こうして朝廷は郡県制を確立したが、その国守の権が弱かったため、地方に駐屯したまま居着いた将軍の跋扈を許してしまった。中央集権のあまり、地方で勢力を持つものを押さえつける存在を作り出せなかったことこそ、天智帝以後の郡県制に内在した問題で、源氏政権成立がその結果である、と山陽は述べる。

かつては国司の中から優れた者を公卿に抜擢していたのだが、公卿が血統だけで選ばれるようになったため、その能力低下を導いた。出世の足がかりにならず禄も官位も低い国司に貴族達は魅力を感じなくなり、ただ任地の富を貪る官職に成り下がった。

> 其の後に至るに及び、吏の卑賤にして禄薄き者を用ひ、以て自ら代ふれば、則ち其の貪ること益々甚し。而して其の殷阜の地、所謂荘なるものは、多く公卿の占むる所と為り、自ら其の吏を遣はし、或いは其の地方の豪族に付して、これを代り宰せしむ。而して王政、漸く復すべからず。輓近に至りて、武門の民を宰する者、目して代官と曰ふは、此の名を存ぜしのみ。而るに其の卑賤且つ禄薄く、君に望み難くして、民に漁り易きは、国司に什倍す。而して封建、勢を成し、郡国犬牙すること、猶ほ漢の制のごとくなれば、則ち民の善治を被らんと欲するも、難し。（「淳和天皇論賛」）

中央から地方に人が行かず、地方の豪族が統治に乗りだしたため、武力集団の成長を導いた。そして、武家の世の変遷に移る。

> 源氏は兵制解弛の勢に因り、国毎に武族を選び、守護と為す。而して其の権を帥府に総ぶること、猶ほ王朝の国守の如きなり。故に権臣の横も、亦た王朝と同じく、而も速きを加ふ。北条氏は源氏の権を簒ふ。而して其の制する所に仍りて、武族漸く世襲と成る。其の失政に乗じて、一時に並び叛すれば、天下乱れ崩る。而して終に足利氏に帰す。足利氏は守護世襲の勢に因り、其の勲旧・子弟を封じ、復

た易置せず。周漢晋の封建・唐の藩鎮の如きなり。而して勲臣の力は太だ強く、権を争ひて兵を構へ、交相噬搏す。最後に其の雄傑にして、起ちて之を服せし者は、織田氏為り、豊臣氏為り。二氏皆其の争搆始平の勢に因りて、藩国を建置するは、猶ほ足利氏の勲臣に於けるが如きなり。故に呑噬を致すも、亦た足利氏と同じ。而して速きを加ふ。

（「論勢」）

源氏は「兵制解弛の勢」に因り、足利氏は「守護世襲の勢」に因り、そして、織田・豊臣は「争搆始平の勢」に因った。この三種の「勢」に因ってそれぞれは天下を取り、それを制する巧拙によって、統治の長さが異なった。

「兵制解弛の勢」は、『政記』を参照する。

古の所謂田地・戸口は、皆鄙野を謂ふなり。是れ古今同じきものなり。若し夫れ古今同じからざるものは、兵なり。兵・民の判るるは、是の時に漸す。然れども武門の強梗を致すは勢なり。其の勢極まるに及び、終に封建を成す。

（「光仁天皇論賛」）

健児の制を殆どの国々で施行したことが、直轄の軍団から武装集団へと変化する端緒になったのである。また、かつては「其の官は、又必ずしも文と武とを分かたざる」ものであった。宰相が外戚でかためられた結果、「武事は以て源平の二氏に委ね、又其の品流を分かちて、昇殿を許さざるに至」った。結果として軍事は中央から分裂し、「兵制解弛の勢」はここに明らかなものとなった。

封建の「勢」は大江広元の献策に端を発する。しかし、『政記』後鳥羽天皇論賛によると、その「勢」も「皆時を済ふの急務にして、朝廷之を許すも、亦時勢の然らしむる」ものである。そして「時勢をして此に至らしむるは、必ず由有」る。追捕使を設置したのは各地に盗賊が跋扈していたからであり、治安が悪くなった原因こそ、荘園の錯綜と国司の怠慢である。こうして、重層的に「勢」が積み重なって「天下の大勢」を形成し、それが新しい「制」を持つ政権を成立させていったのである。これらをふまえて次に、『三転考』の検討へとうつりたい。

四　骨から職へ

福羽美静の序文は、「古書を研究するに、時制の転変、制度の沿革を知らずしては読書の活用をえがた」いと思ったことが千広の執筆動機とする。(12) 冒頭で、「皇国の有状、大に変れる事三たびになんありける」と千広は提示する。

かれ上つ代は、かばねもて世を知しめし、中つ代は、つかさもて世を政ち、下つ代は、名もて世を治め賜ひけり。かく変り来し状を考るに、自ら時の勢につれて、しか移来れるもの也けり。

この変動が「おのずから」「時の勢」につれて起こるにあたり、人間の主体的働きかけを千広はどう評価しているのか。山陽の「勢」と比べ、そこが大きな差異とされてきた。千広は運命論者なのだろうか。

「加婆禰」は「自なる皇国の制度」で、「外国の制度に無き事」であった。「姓」の字を当てたが適切とはいえず、制度として「職」とも「名」とも異なっていた。「国造・県主、すなはち加婆禰の起元也」とするも、神武東征の功臣に恩賞を与える際、「是ゆ前の有かたは、戸畔・祝などいへりし渠帥ども、ここかしこに、おのがじし地を領て、屯居りしなり」とする。

この解釈は、『政記』神武天皇論賛と類似のものといえよう。神武東征に協力した土地の有力者達に、その土地を認めることで恩賞とした。それは明らかに「封建」と異なっている。[13]山陽が二分法をとったのは、上古は「封建」と表現できる制度ではなかったからだった。千広は統治を実行する存在が異なることに着目する。しかし、「骨」と「名」が似ていると認識していた。

千広は「かばね」の語意を検討し、「骨」が正しい字で、「姓」は仮の字であると論証する(こうした論証は山陽の漢文体では難しい)。「骨」と官職との違いを、「官職は其人につきて、文官にも武官にも、京官にも外任にも、伍したまひて、子孫に及ば」ないところに求める。更に「今の代の大小名の国地を見よ。其遠祖より領得られて、其臣其民を率従て仕まつるなれば、たやすく与奪あるべくもあらず。骨のさまも是と同じ」として、「骨」と「名」の類似性を指摘する。

「骨」の時期は領土を私有していた。「土地を愛賜ふは、上つ代に限れる事ならねど、猶其愛給ふ状にもけぢめありて、骨の代と職の代の、勢異なるを知るべき」として、それぞれの代に特有の「勢」がある。

では、制度・「勢」の変異における「自ずから」の意味はどう解すべきか。「推古の御代に至りて、始て冠位の御制出来れり」と冠位十二階に言及してから、次のように続ける。

皇太子みづから十七条の憲法さへ作り定賜ふにいたれり。是なむ皇国の大制一変して、白檮原御代に始国しろしめし賜ひてより、継こし氏々の骨の手ぶり、官職に移りかはる始には有ける。

十七条の憲法制定が、「皇国の大制を一変」させ「骨」から「官職」へと変化する「始」である。裏を返せば、聖徳太子が憲法制定しなければ「職」への変化は始まらなかった、ということになる。そうであれば、「職」への変化は人事を超越した運命だといえるのだろうか。

同十二条を取り上げ、「骨の手ぶりの失を破りて、大制度を建賜へる」とし、「孝徳の御代、くさぐさの大改革ありけるも、此御制を基本と申べき也」とする。「勢」が生まれる端緒が同憲法であるかの表現といえる。

> いといと上りたる代は、人も素直に、何事も大らかには有けん。継々国広く、人衆く、世の手ぶり盛に成くれば、かならず厳しき御制なくては、治賜ふ事かたかるべし。此皇太子を、ひたぶる仏法に泥み賜ふとて、かにかく論ひ奉るめれど、猶深く考みよ。当時かかる大制度を建立し賜ひて、国民父母のごとくかしこみ仰ぎ奉りしは、すぐれたるが上にすぐれたまへる聖徳満足し賜にあらずは、いかでか此大事を成賜はん。

山陽はまさに厩戸皇子を日本に仏教の入る「勢」の初めとして批判し、天智帝による改革の基とは考えなかった（蘇我氏の専横を導いた存在とさえしていた）。千広は、「孝徳の御代に至りて、天下の大制大に変りて、骨の代、職の代と革れる」と結ぶ。孝徳の元年に左右の大臣を定めたのが「官職の始元」であり、その八月の命の地に「方に今始めて万国を修めむとす」としたのが、「実に神武以来の大勢ここにいたりて一変せり」といえるものと断定した。ここで千広は流れてくる変化としての「勢」と、その現状としての「勢」の双方を見ている。

こうした制度変更の原因を千広は、「法久して費多き習なれば、種々専縦なる業も多く、百姓の苦む事も少からざりけん」と、制度の経年劣化に求める。「畢竟は、加婆禰の旧弊を砕きて、新令の制度を行はん為の事」としての大化の改新は、（孝徳帝と）中大兄皇子の「大英断の御事」により変更された（英雄王の「決断」は、まさに山陽が重視している）。

> 骨は上つ代の手ぶり、官職は唐ざまをうつされたるものにて、皇国の古制、廃れたるは口をしきやうにも思ふめれど、つらつら考えるに時勢の遷変る事は、天地の自なる理なるか、または神の御はからひなるか、凡慮の測しるべきならねど、畢竟、人の智にも人の力にも及ぶべき事ならず。然して五百年ばかりの世をふる時は、自ら遷変るべき運数来りて、其時に当りて世にすぐれたる人出来て、此気運に乗

じて大事を成就するものと見えたり。和漢今昔貫通して考るに、皆さる勢なりけり。

ここをどう解釈するか。前半は運命史観のようだが、「此気運」に「乗」じて「大事を成就」する「世にすぐれたる人」の存在を前提としていることを見落とすべきではない。そうした人の出現まで含めて運命とする見方もあろうが、人間による主体的働きかけがあるのまでは否定しえない。そして国司の裁判権を否認したのをこのように評する。

これ又、今迄の骨どもの威権を折かれたるものにて、今までは、土地の広狭こそあれ、部内の馬、部内の飯すら、容易く得がたき制となりしを、なりしは、皆其うしはける所は己がものなりしは、雲壌の違といふべきなり。天下の大勢かくなくては叶はぬ時なるべし。

最後の一文は、「天下の大勢」が「この様な制度」に変更しなくては叶わない「時」、と取るべきである。天下の大勢とそれに応じた制度の変化、人為の応変という山陽の学問の中核を、明らかに千広は受け継いでいる。

日本史を古代から振り返れば、「神武天皇より御世継々に、国大に開け、民益蕃りて、今は金銀乏しくては叶はぬ勢」となった。更に「教導の道もなくては、御政の便あしかりけむ」、と「儒仏の道」がきて「深く用」いることも「止事をえぬ理」で「神の御はからひ」と千広は解釈する。「時勢は四時の遷るが如く、夏日の葛、冬夜の裘、いかでか一偏を固執せん」として、「純一無欲の小児」では「名利色欲熾盛なる若人」を教えられないだろう、と古代の純粋さへの憧れを一蹴する（宣長との違いは明確である）。

故に古今の英主賢臣、時に応じ機に乗じ、さまざま思ひはかり賜ひし業は、其時勢の勢を、深く考見るべき事にて、膠柱の論は立べくもあらずなん。

「英主・賢臣」が政治的判断を下して「時に応じ機に乗じ」るのだから、「天下の大勢」に対する主体的操作である。それには「勢」の変化を深く観察し検討せねばならず、前例に膠着してはいけない、とするのだから、山陽の「勢」と「権」の政治理論とどれだけ異なるだろうか。藩政を動かしていた千広にとっては、実感のあるものだったのだろう。

「八省百官を置、法度・律令施行」されて後、「天武の御代十三年にいたりて、遂に骨は廃れ」た。そもそも「かの蘇我氏の威勢強く、奢らひ誇りて、蝦夷・入鹿等に至りて、凡けなき振舞」をしたため、「天智天皇、鎌足大臣と深く謀りごち給ひて、誅」した。そのとき、「かの唐制もややややに染来」ていた。唐の「官職の制度」は、「骨の、世々に動なき」とは異なり、「よきをあげあしきを退け、凡下の者も高に昇り、貴族といへども下に貶す」。「国々土地は、皆国司・郡司もて治」めるので、「今迄の骨の威権を」挫くには適切であった。

「孝徳の御代、種々の御制出て、骨の手ぶりを改」めて「官職の制」となったのに、「更にまた八色をもて、万姓を混」ぜたのは何故なのか。「上古より蕃茂り来し骨なれば、公の御制こそは改賜ひにたれ、私には猶、其骨の手ぶり俄に止べくも非」ざる状態であった。「臣連などの貴族」が「勢失ふべくもあらず」、「新なる職のかたには心寄」せていなかった。「貴き臣連を無下に落し賜へるは、骨てふものを、有名無実と為賜へる英断」であり、「臣連等の貴族」は、「朝臣」「宿禰」などの「貴き姓を賜へれど、是より骨の実は失て、かざしの花とは成」ってしまった（山陽の「名」と「実」の分析を髣髴とさせる）。八色の姓の制度を深く検討すると、

全く臣連等の威権をくじきて、新制度をたてられん為とこそは思はるれ。かかれば官職は上宮の御法に起りて、骨は浄御原の御代に、廃れたりと云べきなり。

「骨」から「職」への変化は、ここに完成した。しかし、この変化はあるとき突然・自然に起こったわけではない。「推古の御世より、冠位を制せられて後、御世々々改換れるは、必便よからぬ故由ありて、しか改められしもの」だが、その変更は「今考るに由なし」ことであった。一度制度が定められた以上は、変更されずとも良いように思われるが、「皆其時の勢にて、さまざまに思ほしはか」られたものである。

その時代の状況に応じて、人為的に制度の変革はなされてきた（後世から見て有効だったと思いがたくても）。成り行きのままに流されていったのではなく、「時の勢」への働きかけが存在していた（「おのずから」とは、人為を含めての「勢」の流れであった）。しかし、中国の制度を導入して成立した「職の代」は、制度として不徹底なところがあった。

「官職は、唐制を移されて古の手ぶりを変」えたものだが、「皇国は皇国」であり「神代のことわり」は消えなかった。それは「職員令条のはじめにも、太政官の尊きを次とし、神祇官を置れたるにても悟るべき」である。多くの冗官を削減し「新加の官こそきはごと」である。「内大臣・中納言・参議などいとやんごとなく、弘仁の蔵人所、承和の検非違使などにいたりては、めさむるごときさまなりけり」。

それらの官職の当時における「得失はあめれど、猶大勢を論ふにはたら」ない。重要なのは、中国は古代から「下りた

る人も徳あれば、尊み仰ぎて帝王ともなる国」で、その臣下は「力量あれば薪をこる山がつも、高官にのぼりて、政をとり」、「席を織る匹夫も、国司となりて、民を治」めることも多かった。黜罰も容易に行われるため、「職を与れば奴も有司となり、職を奪へば大臣も奴」となるように、「官職はそをあやとるはたもの」にすぎなかった。

「皇国にも官職を置」いたのだから、人材登用も中国式になるかと思いきや、「国風いたく異」なっていた。臣下の者達は「久方の天津御神、あら金の国津御神の御裔」であり、代々「神随知食す大朝廷を、あななひ仕奉り給ふ氏々名々」なので、「職もて其品を定むる代」になっても、「其家々の尊きは賤しくなるべき理り」はない。「山賤匹夫のたやすく高官にのぼり、大臣前卿の奴となる」ようにはならなかった。「臣連の威権を折」いたけれど、結局は「不比等公よりして、藤原氏の威権、天が下にみち足ひ、忽ち四の門にひろごり、大御政ただこの家に」とどまってしまった。「職」の時代における藤原氏の権勢について、「摂政」を論じることで千広は言及する。

そもそも聖徳太子や中大兄皇子は皇太子で、その統治の状態を「文を修りて記さんには、摂政などいはでは、外に辞もな」かったためにそう記述したまでであった。「官職の上より云べき事」ではなく、「唐堯が舜を挙て摂政と為たると同じ事」というのは「僻事」に過ぎない。「正しく、摂政とふ事は、良房大臣に起」きた。基経が関白になって以降、「摂関の職」は藤原氏にとどまり、「摂家とたたへて、他姓人任ずること叶は」なくなる。

> 抑一人に師範して、四海に儀刑たるは、太政大臣の職にしあれば、よしや幼主に坐々とも、この職もて天下を治賜はんに、何の欠たる事もあるまじきを、更に霍光が故事に習ひて、摂関の職を立られしは、職の代の極みならずや。かくて一座の宣旨、内覧の宣旨など云事さへ起りたれば、太政大臣の職は、ただやんごとなき極のみおはすめり。

太政大臣が存在するのだから、更に幼主にかわって統治する職など必要ない。にもかかわらず同じ（乃至はより強い）機能をはたす摂政関白の職を作ったことで、太政大臣の職は極めて高位というだけの抜け殻になりはてた（まさに『通議』「論権上」の「執柄有りて天子は弁髦の如く、執権有りて将軍も弁髦の如し」を連想させる）。そうした摂関をして、「天下の威権、一人の上にある勢をしるべきなり」と割注で述べているのはますます山陽的である。

「上つ代は王臣をもて尊卑を分られしを、今は官位によりて失序といへり」。摂関を独占する藤原氏の「いきほひに堪ずやおはしけん、宇多の御門、叡慮ふかく、菅原大臣を挙用させ賜ひて、其威権を折き給はんとおもほしけるも」、道真は結局左遷されてしまい、以降は藤原氏の専横に誰も対抗できなくなった。「かの道長大臣の「この代をば吾代とぞおもふ」と歌はれけるも、さる勢にて、これぞ藤原氏の極みと云ふべし」。

「そもそも天智」帝が入鹿を誅して「従前の骨の手ぶりを革賜ひて、官職の制に移された」のも、「臣の威権を削りて、大御稜威つよく、其御制のまま、とこしなへに治り行む」と考えたからであった。「職てふものを味ひ見れば、各も各も其けぢめありて、五つの声を調合せるごとく、五の色を染分しがごとく、めでたくも重敷も、ととのひ備れる制」である。しかし結果としてそれは上手く機能しなかった。

こうした「職の代」が崩壊する切っ掛けは、後三条帝の誕生による。後三条帝は短命であったが、その後を継いだ白河帝が「院中にて政をとり賜ふ事、四十余年、つづきて鳥羽上皇も同じく院中にて政ち賜ひしより、世は又一変の時とは成った。

そもそも白河法皇は、仏心ふかくおはしまし、はた色をも好み賜ひ、世の乱るべき例多かれば、二条関白の憤りけるもさる事にて、院中の政、めでたからぬわざなれど、こも又自然の勢也。

白河院の統治の実態は、とても評価出来るものではない。ではここでの「自然の勢」とは、いかなる意味だろうか。白河院は後三条帝の遺志を継ぐため、「臣達にも、御心安く語」れる環境に移り、宇多帝のように「然るべき上達部を別当に補」して、「摂関ならずして事を執る道」を開いた。人材を抜擢し、「武者所に猛き」武士を配置して、何かが起これば「御楯御矛と仕奉る」ように仕立てていった。そのため、

かどある公卿も、力ある武士も、皆院中のものとなれば、何れの大臣か権をとるべき。これを見ればかの威権を折かれんは、しばらく院中ならでは為がたき勢にて、うまくもはからひ賜へる事也。

能力のある「公卿と力ある武士」の双方を手中に入れれば、「何れの大臣か権をとるべき」、との主張は、権と力を併せ持つ者が統治者である、とする山陽の主張とほぼ重なる（「論権中」）。院政の成立は、それまでの状況の変化が前提とはいえ、白河院の主体的行動によるものと千広はみている。山陽的な分析であるのは、平氏の権力分析からも明らかである。

藤原氏の威権は、職の上より出にたれば、栄え誇りて無礼なるものから、兵権あらざりしを、これはもののふより起りにたれば、職といひ、兵権といひ、虎に翼を添たる如く、誰やし人か向ひたたん。これぞ職の代の極みにして、名の代と移る時なりけり。

「職」と「兵権」とを虎に翼とする譬えも、『通議』「論権中」の「権」と「力」の対比に類似している。さらには、「代の極み」が次の代へと移る時との指摘も、「勢」は「極」まれば次の「勢」へと移る端緒とする山陽的「勢」論と、どれほど差異があろうか。

五 「名の代」

文治元年、頼朝をもて六十余州惣追捕使とせられしより、職の代変りて、名の代となも成にける。

頼朝が惣追捕使に任ぜられて、「職」は「名」へと変わった。白河院の時点で極まった「職の代」の「勢」は、その没後半世紀で急変していったのである。

そもそも名といふ事はし、神代にして、大名持・少名彦と称奉りし両大神は、国地広く領賜ひて、世を治賜へりし御名にはありけり。今いふ大名小名はし、遠く神代の例に習へるならねど、其状は、もはら同じくして、自らなる皇国の称号なれば、今これを称へて、名の代とはいへるなり。

千広はその「有状を考えるに、まづ職の代の軍務」を検討する。「骨の上つ代」は反乱等があれば、「天皇大御自、皇軍」を率いて遠征し、または「皇子達、大将軍」になり、「大臣達、前つ君達」も軍務についた。ところが「職の制定りてよりは、文官・武官品わかれて」、「三公・納言」は文官となり軍を率いることなどなった。「大将・中将」は「武官の長」であっても「これはたやむごとなき極み」にすぎず、「猛きふるまひ」などしなかった。貴族は「武き業にはうとくなり」、「将種・兵家は、下にのみなん出来にける」。

この時代の大きな問題として、天皇（そして貴族）が軍事に関与しなくなった点をあげるのは、山陽と同様である。統治者は武力を統括する必要があるのに、天皇はそれを半ば放棄した。これが天皇（そして貴族）から統治の大権が武士に移る切っ掛けであった。

上代には、「将種」「兵家」などなかったのだから、「官職の制度にして、骨の手ぶりの変れるもの」である。「白河院中に御政行はれ、自ら将種・兵家をめし仕ひ賜ひしかば、名の代とうつるべき葦牙、始てここにきざし」た。再度、名の代（＝武家の世）へと変わる切っ掛けが白河院の統治によることを指摘する。

まず、「上つ代の骨」に似た「党・高家」が国々に出現した。「丹党・私党・或は東党・西党・猪股・児玉など呼ばれ」た者達で、その「長たるものは、いにしへのひとごのかみ」のように「世々猛くこそふるま」っていた。

そして、「白河の御代」は「成功」を頼りに募り、「万石万匹を」献上するものは「たやすく国司に任」じられ、「父子三たり四たり」継続していくようになった。そうして出現した地方勢力が、「国々に勢ひあるもののふ屯みつつ、大名てふ唱は出来」た。

大名持・少名彦から「名」を関連づけたことからも明らかであるが、千広は「名」を封建された存在とは見ていない（そもそも大名持・少名彦は「国譲り」と称する強奪の被害者である）。自然発生的に、又は金銭による売官から土着した勢力に、君主との「封建」的な関係は存在しなかった。

「源平の二氏」はもともと「王孫」である。「源は経基王」からで、「武き将軍つぎつぎに出来し中にも」、頼義・義家は東北平定の功績も高く、「東の国人、かの屯党なせるものども和順なびきて、自ら臣族のごとく」なっていった。「平氏は、貞盛、将門を討平」げて以来続き、「忠盛」は上の覚えめでたく栄えていった。「職のかたこそさしもあらね、兵権は、この二氏にとどま」るようになった。これは武を都の貴族が蔑んだことがその根本的な原因であった。「義家、貞任を言向し時、官符なかりしとて、其賞をだに行れ」なかったことなど、山陽も『外史』『政記』でとりあげる所である。

義家をはじめ、凡此軍にたちし八十の武士、誰かはこれを慨ざらん、たれかは是を憤ざらん。かかれば、京にては奴のごといやしめらるる屯の伴どもは、よき将軍に仕へてん、とおもひよるべきいきほひにて、同じ類の武きともがら、魂合て集へるなれば、自ら臣の如く、族の如く、代々ふるままに、弥益に志厚く、契深かるべき、ことわりにはありけり。

既に「鳥羽院」時代に、「諸国の武士、源平両家に属する事をとどむべし」という命令がしばしば出たこと自体、源平の「勢の強きを、いぶせくおもほしける」。そう深く根ざしたものであったと考えれば、「清盛、義朝を討亡しし勝すさみに、忽天下の威権を握りたりしも、俄なる事」ではなかった（既に進んで行った「勢」の結果）。

ただし、清盛はその統治において、「摂関の威権をうつせつふるまひ」に過ぎず、兵権を所持していても「猶職の代」

に止まっていた。「大江広元が議もて、国衙に守護をおき、荘園に地頭をおき、頼朝是を統掌りて、六十余州の総追捕使となれりしより、天下の有状大に変りて、名の代と」なった。頼朝は「世に殊にすぐれて、比類なき英雄」であったので、統治もそれまでのやり方とは異なり、「大納言・右近衛大将」を辞退し、「京にもあらで、遠く東にまかりて、征夷大将軍として、ひたぶるに武きわざもて、和順をあはれみ、叛くをきため、四方八方を治」めたので、「其威権、摂関・大臣といふとも、並び立べくもなく、天の下の事皆、鎌倉にとどまり」、命令に逆らえる者はいなくなってしまった。

「職の代は、みやびやかにして、武威うす」いようであるが、そもそも「幸に都」が戦場にならず、軍事行動は陸奥などの遠いところで起こっていたため、「時の将軍」への毀誉褒貶も、他人事にすぎなかった。こうした姿勢だったため、「保元・平治の乱」が「正しく大朝廷の上」で起こり、「都の大路、矢をはなち、馬をはする軍の場と成」れば、「みやびに女々敷習」の貴族たちは、どうして「これにたふ」ことができようか。「武士とだにいへば、畏恐れ」るだけになったのも、こうした情勢によるものであった。

> そもそも骨の職と変り、職の名と移りたるに、勢の異なるけぢめあり。其は、骨を廃て職とかへ賜へるは、上の御心より出て、つとめて変易させ賜へるなり。職の名と変れるは、下より起りて次第に強大にして、止事をえぬ勢なり。

ここで、二つの変化の違いを千広は指摘する。ここで「職」から「名」への変化を重視して、千広を運命論者として解釈するのは、適切ではない。むしろ、どちらも見事に山陽的「勢」観である。まず、「骨」から「職」への変化は、統治者が意識的に行った変革によるものであった。ただし、それも天智帝一人で即坐に出来たことではなく、前提条件としての「骨」の制度の寿命が尽きたことを認識した上で、聖徳太子の冠位十二階から始まった「勢」の結実である（山陽も天智帝の改革はそれまでの「勢」によったものだとしている）。

それに較べ「職」から「名」への変化それ自体は、誰かが意図して行ったことではない。最終的には源平二氏の軍事力的な「勢」が果たした変化である。しかし、それもまた、「職」の代の弊害を矯正しようとした後三条帝、そして白河院による統治がその切っ掛けを作り出した。つまり、個々の政策の積み重ねが意図せざる結果としての「名」への変化、を生み出したのである。

そもそも「職」は天智帝等の意図と裏腹に、「国風」のため世襲制を維持してしまった。そのために生み出された藤原氏の専横という天下の大勢を変える切っ掛けは、人為的に作り出されていた。このように「けぢめ異な」ったため、「骨は年ふるままに廃」れたが、職は名称として残った。

> 職はもとより廃賜へるならば、武家ざまにも請望みて、長しへに行るるものから、武家ざまにては、其職掌をつとむるならねば、大かた位階も同じさまにて、後の代の大名の、何の守、くれの大夫などいふらんごとく、貴人の呼名のごとくなん有ける。

とはいえ、その実質は喪失していた。北条氏が「執権」で統治できたのも、「威権、職に非」ざるからであった。

> 威権かくしもあれば、何の官職か、欲するに得がたかるべき。そをほりせざるは、いきほひこれにあらざればなり。かれ官職は官職として、ひたぶる大名小名の世とはなりゆきけり。

「職」が名称として残った原因は、「職」自体を無くそうとしていたわけではなかったからであった。それが「けぢめ」の異なった原因とされる。千広の「勢」は人為的な働きかけを含めたものであった。その「勢」の誕生や変化の方向が、働きかけた人の望む方向と一致しているかは重視しない。しかし、山陽も働きかけが意図せざる方向へと「勢」を導くことを認めている。千広の「勢」は、まさに山陽の後に出た「勢」であった。

六　「天下の大勢」論として

湖南は『三転考』を「古代を正直に真実に解釈した点」で『読史余論』より高く評価した。湖南の時代区分論について、小島毅「思想史から見た宋代近世論」は興味深い指摘をしている。[14]

> 内藤の論点は政治体制それ自体にあるのではなく、そのような体制を可能にした社会基盤、大勢を支えた人たちの性格のほうにこそ重点があったと解釈できるのだ。それが彼の「貴族から平民へ」という主張である。

ここから想定できるのは、『三転考』が統治者・統治政権それ自体をみるのではなく、その下でその政権・体制を支えた存在として（恰も中間団体のような）「骨」「職」「名」に着目していたから、湖南が高く評価したのではないか、ということである。

そもそも封建郡県論も、王または皇帝という最上位の存在は共通として、その下の武力集団・権力集団がどのように構成されているか、という問題であった。山陽は上古をそのどちらにも当てはまらないから、「国朝自有の勢」と表現していた。

千広は天智帝の制度を郡県に類似したものと認めていよう。しかし、「骨」「名」を封建と認めてはいない。封建は、王が血族及び功臣に封土を与え、代々統治させる制度である。「名」をそうした成り立ちと見ていないことは先述した。徳川の世にはそうした「封建」的な所があるが、千広はそれに言及しない。「徳川の御稜威に靡」いて、「大小の国々」は、「心一つに和順」したとして結ぶのであり、徳川によって封建された、領土を与えられた、とは書いていないのである。とすれば、自なる皇国の制度である「骨」から不徹底な郡県を経て、もとの「骨」に類似した集団による（またはそれに対する）統治へと移った、と千広はみていることになる。

山陽は封建の完成は徳川の世とする。つまり、郡県の崩壊から過渡期を経て、封建の完成へと「天下の大勢」は移ってきた。千広は「職」が崩壊しきった時点で「名の代」になったとするのだから、「名の代」が「封建」というわけではない。言うなれば、天皇又は将軍との関係でみるのではなく、彼らがどのように発生したかに論点を置いた。湖南の史論においては、『外史』『政記』より、『三転考』の方が高く評価できたのは、そうした点によるのではないだろうか。

『三転考』と陸奥宗光の思想との影響関係はこれまで明らかにされなかった。『近世文学史論』は千広に触れておらず、いつ読んだかも含めて湖南の学問への影響関係まではわからない[15]。それらは明治思想史上における頼山陽の影響を中心に、これから論じていくべき課題である。

註

（1）張翔・園田英弘共編『「封建」・「郡県」再考――東アジア社会体制論の深層』（思文閣出版、二〇〇六）。

（2）千広の国学については、佐藤一伯「伊達千広の歌論・神観・歴史観」（明治聖徳記念学会編『明治聖徳記念学会紀要』二四号、一九九八）を参照。

（3）小沢氏は、『外史』『政記』『通議』を千広が読んでいないわけがない、と断言するが、それはわからない。山陽は紀州藩の野呂介石と交流があった。文政八年四月に山陽は紀州に行き、介石と面会している。千広が国学を学んだ本居大平と介石は交流があり、幼少期から軍記物や歴史書を好んだ千広であれば、介石から山陽の話を聞いていた可能性はある。山陽の著書自体はどれも天保年間に拙修斎叢書として木活字版が出版され、板本も川越版『校刻日本外史』が天保十五年の初刻で、『通議』は『校正通議』が弘化四年に出ている。とはいえ、千広の文章に山陽への言及が見つからないのだから、断言は出来ない。

（4）松本三之介「近世における歴史叙述とその思想」（日本思想大系『近世史論集』岩波書店、一九七四）、佐藤前掲論文。

（5）『宮崎市定全集』第二十四巻（岩波書店、一九九四）。

（6）『宝左盦文』（国立国会図書館デジタルライブラリー）。

（7）「我が少年時代の回想」（『内藤湖南全集』第二巻、筑摩書房、一九七一）。

（8）「泊翁先生の思ひ出」（同前）。

（9）徳富蘇峰『将来之日本』、福地桜痴『幕府衰亡論』『幕末政治家』、田辺太一『幕末外交談』等、数多くの書物がこの概念を使用する。

（10）「天下の大勢」を論じたものの代表として、丸山真男「歴史意識の古層」が挙げられる。丸山氏は千広の「天下の大勢」観を「「時運」と同じくほとんど宿命的必然性に近いトーンが前面に出ている」と評している。

（11）山陽の思想については拙著『頼山陽の思想――日本における政治学の誕生』（東京大学出版会、二〇一四）を参照。山陽の文は『頼山陽全書』（頼山陽先生遺跡顕彰会、一九三一）による。

（12）「時勢」でないと同義反復になるので、誤字でないかと思われる。『大勢三転考』は日本思想大系『近世史論集』による。

（13）もっとも、概念としての封建とは異なるが、柳宗元が指摘した周の封建も、実態はこのようなものである

（14）渡邉義浩編『中国史の時代区分の現在』所収。

（15）時代区分論の通史ではないが、『通議』は日本だけでなく、中国の各王朝も統治制度・文化の変質で区分している。湖南が『通議』に言及している箇所は見つけていないため、その史論に対する影響の程度はわからない。

（はまの　せいいちろう・海陽中等教育学校教諭）

「日本思想」における時代区分
――大正十三年から昭和八年までに焦点を当てて――

水野雄司

はじめに

「日本思想」は、どのような時代区分によって語られてきたのか。

この問いのもと、本稿では、大正十三年（一九二四）から、昭和八年（一九三三）までの十年間に焦点をあてていく。

大正十三年とは、日本思想史学確立の立役者である村岡典嗣が東北帝国大学法文学部教授（文化史学第一講座・日本思想史専攻）に着任した年であり、[1]また「日本精神」を冠した最初の著書である安岡正篤『日本精神の研究』が刊行された年でもある。[2]田中康二によると、[3]この年から七年後の昭和六年（一九三一）より「日本精神」に関する文献は増加し、昭和八年（一九三三）に著書・論文ともに刊行数が飛躍的に増大するという。

つまり、「日本」を語る動きのはじまりである。

昭和八年の『思想』五月号では「日本精神」に関しての特集が組まれるが、巻頭論文「日本精神について」を寄せた津田左右吉は、その冒頭で次のように述べている。

> 「日本精神」といふ語が何時から世に現はれたのか、確かには知らぬが、それがひどく流行したのは最近のことのやうであり、所謂「非常時」の声に伴つて急激に弘まつたものらしく思はれる。

徐々に戦争の火種を感じつつある「非常時」のなかで、「日本」を論じる「思想」が「流行」していく。ただし、こうした「非常時」のただなかにおいて多くの実像は、歪められたひとつのかたちとして収斂していく。

　そこで本稿では、「日本思想史学」の端緒から、「流行」直前までの十年間において、どのような「日本」が語られていたのかを、「時代区分」という視点をもってみていくことを目的とする。

一　村岡典嗣の平泉澄批判

　村岡典嗣は、処女作である『本居宣長』（明治四十四年刊）のなかで、すでに時代区分についてふれている。

> 凡そ、我国文明の歴史的発展を、欧州のそれに比較して考へるのは、史家一般の試みる所であるけれども、その内容と成立とを、全く異にした両者の間に於いて、かゝる比較は、厳密な意味では、固より不可能である。単に、不可能であるのみならず、漫然、かゝる見地に立つことは、寧ろ、我が文明の発達の本来の意義を誤る恐がある。併しながら、上代から中世を経て、近世に入った変遷発達の形式上では、両者は、互ひに相似てゐる。[4]（傍点原文）

　「上代」「中世」「近世」という時代区分については、[5]ある程度の妥当性を認めつつも、欧州と日本の歴史的発展を比較することは原則として不可能であり、安易に取り込むことは「本来の意義」を見誤ることになると警鐘を鳴らしている。

　約二十年後の昭和五年（一九三〇）、村岡は、日本思想史学における「時代区分」に焦点を当てた「日本思想史の時代区劃観と各期の特色」（昭和五年度東北帝国大学法文学部講義草案）という文章をまとめる。

> （明治以後の学者の時代区分は：引用者注）古代、中世、近世の三大区分にもとづいたもので、西洋史の場合などと一致し時代区分として簡明である。しかしこの各期に対して内容的にいかなる意義をみとめてよいか、換言すれば古代的、中世的、近世的といふ語についてどういう内容を理解すべきであるかといふと、問題はまた元へもどつて必ずしも定説が存するとはいへぬ。一汎政治史に見てもさうである。まして思想的方面から見ていよいよさうである。[6]

　区分されたそれぞれの時代にいかなる「意義」を見出すべきかが重要であると指摘し、とくに「思想的方面」においての史観は、「我が史学史上でもつとも欠けたところ」[7]とする。

ここで村岡は、近年の成果として平泉澄の説を挙げている。[8]昭和三年（一九二八）四月刊行の『史学雑誌』に掲載された「日本精神発展の段階」という論文にて展開された論である。

平泉は、日本の歴史を古代、上代、中世、近世、現代の五期に分け、その時代時代に文化があり、理想とするものや価値を有するものが異なるとする。古代において未分化であったものが、上代になって「美」に至上の価値を置くようになり、中世にはそれが宗教への信仰とのかかわりで「聖」に取って代わられ、近世になると儒教倫理を背景として「善」が最も重きを置く価値観となり、現代においては科学的精神に裏付けられて「真」を追求するようになったとする。

いわく「価値は時代と共に変じ、理想は世と共に推移した」[9]。

平泉はこの五つの時代に五つの段階を認め、その変化推移の中に日本歴史の発展をみようとしたのである。そしてこの精神を「日本人の精神」あるいは「時代精神」と呼んでいる。

村岡は、この説について「人間精神の四つの理想を各期に配して極めて手際よく概観されてゐる」[10]と、一定の評価を与えつつも、いくつか難点を指摘している。その一つが、平泉の説く「価値の転換」についてである。平泉は、上代の「美」が中世の「聖」に代わり、その「聖」が近世の「善」に入れ代わり、現代は「善」の代替として「真」の時代とするが、村岡は次のように批判する。


過渡的波瀾やんで平静に帰し新時代ができ上がつて長い一流れの潮流をなしてゆく全汎的の姿から歴史を観察するときには、旧時代は新時代をはらむとともに新時代に残り、新時代は旧時代をやぶるとともにこれを承けて、一つの連続をなして発展してゆくのがその真相である。[11]

「思想開展の段階」[12]とは、この連続性という見地からなされなければならないとし、平泉の説は、それぞれの「時代精神」が個別に独立しつつながりがないが、本来は、「聖に先立ったものとしての美、善をうけたものとしての真がそれぞれの意味を発揮されねばなら」[13]ないとする。

二　村岡典嗣の「時代区分」

村岡自身は、どのような「思想開展の段階」を設定したのだろうか。「日本思想史の時代区劃観と各期の特色」では、平泉への指摘の後、自身の「時代区劃」を表明している。

そこでは先ず「文化史上また思想史上劃期的意義ある事件」として、「漢学伝来」「仏教伝来」「奈良遷都」「平安遷都」「保元の乱」「頼朝開幕」「藤原定家死」「織田信長足利氏を亡す」「関ヶ原役」「島原乱平ぐ」「王政復古」の十一個を挙げる。

そして「上古」とは、漢学伝来以前から平安遷都以後まで、「中古」とは、平安遷都を起点として、頼朝開幕を終点とする。「中世」は、頼朝開幕から織田信長の天下統一までとし、したがって「近世」は、関ヶ原役からの明治初年までの江戸時代の期間となる。[14]

「事件」として挙げている「保元の乱」(武士的勢力の勃興)は、中世的精神の源泉として、「藤原定家死」(中古文化の代表者の死)は、中古思想の余勢の結末として、「島原乱平ぐ」は近世における中世的余勢の終局を示している。これらは自身の平泉批判に対する解答として、旧時代は新時代に、その思いを「はらみ」「残り」「承ける」ことを示す象徴として挙げたものであろう。

したがって、時代区分としては「太古　儒教渡来前」「上古　儒教渡来後奈良朝」「中古　平安朝」「中世　鎌倉、南北朝、室町、戦国」「近世　徳川」となり、これらをふまえて「内容的方面からの史観」は、次のようになる。

太古――自然的素朴主義
上古――文化的素朴主義
中古――主情的感傷主義
中世――主意的実行主義
近世――主知的反省主義

儒教仏教を中心とする大陸文化の影響が、自然的素朴主義から文化的素朴主義への推移をうながし、主情的感傷主義は貴族が、主意的実行主義は武士がそれぞれ主体となり、主知的反省主義は、江戸時代における文教の興隆に依っている。

こうした素朴から主知へとすすむ五段階は、あたかもひとりの人間の成長の典型のようであり、村岡は、日本人は「独創性にすぐれた国民ではなかった」からこそ、大陸からの思想を素直に学ぶという「自然の推移」を辿ったと述べる。

本来すべての国が、人が経験する、あたりまえの成長こそが「日本思想」の特徴としたのである。[15]

三　「思想的」時代区分

平泉澄「日本精神発展の段階」と村岡典嗣「日本思想史の時代的区劃観と各期の特色」を契機として、大正十三年(一九二四)から、昭和八年(一九三三)までの十年間に表された「時代区分」についてみていきたい。なおこの二つの論文も、この期間内に発表されたものである。

検討文献は、以下となる。

大正十三年（一九二四）
三月　安岡正篤『日本精神の研究』（玄黄社）
大正十四年（一九二五）
三月　石田文四郎『日本国民思想史講話』（二松堂書店）
大正十五年（一九二六）
六月　清原貞雄『日本国民思想史』（東京宝文堂）
四月　井箆節三『日本主義』（平凡社）
十月　和辻哲郎『日本精神史研究』（岩波書店）
昭和二年（一九二七）
五月　大川周明『日本精神研究』（行地社）
十月　大西貞治「古代日本精神の第一義」（『国語と国文学』四十二号）
昭和三年（一九二八）
三月　高須芳次郎『日本思想十六講』（新潮社）
四月　平泉澄「日本精神発展の段階」（『史学雑誌』三十九編四号）
七月　補永茂助「日本思想史の研究」（『東洋思想研究』東亜協会）
昭和四年（一九二九）
七月　亘理章三郎『建国の精神と建国史観』（大成書院）
昭和五年（一九三〇）
四月　村岡典嗣「日本思想史の時代的区劃観と各期の特色」（昭和五年度東北帝国大学法文学部講義草案）
四月　山田義直『日本精神の一貫と国史教育』（目黒書店）
九月　紀平正美『日本精神』（岩波書店）
昭和七年（一九三二）
二月　田中義能『日本思想史概説』（東京堂書店）
四月　河野省三『日本精神発達史』（大岡山書店）
四月　鹿子木員信『新日本主義と歴史哲学』（青年教育普及会）
昭和八年（一九三三）
五月　池岡直孝『日本精神の闡明』（章華社）
六月　田制佐重『日本精神思想概説』（文教書院）

「日本精神（史）」「日本国民思想史」「日本主義」「日本思想史」と、著者による対象の名称は様々であるが、思想的方面から史観を表明したものを考察対象とした。(16)

安岡正篤『日本精神の研究』

大正十一年（一九二二）に処女作『王陽明研究』（玄黄社）を刊行し、陽明学者として出発した安岡は、当時の「日本」をとりまく世相について、後に次のように述べている。

当時一般にデモクラシーやインターナショナリズムが全盛で、東洋とか日本などは欧米に較べると、とても話にならぬ恥づかしい低劣な存在の様に勧ぜられて居た際であるから「日本精神の研究」などとは、何を時代錯誤な古ぼけたと冷嘲されるのが普通であった。(17)

こうしたなか、安岡は、「日本精神」を、「三種の神器」に表徴される「知恵」(鏡)・「正義」(剣)・「徳」(玉)と規定する。そして、この日本神話をもとにした精神を、「永遠の今を愛する心」と題した章では、楠木正成の戦死や大谷吉隆の義戦、さらに西郷隆盛の最期などに見出し、次のように述べる。

かくして現前の生死は永遠の光に照らされる時、忽然として妄執を散じ、たゞ真善美の欣求と為って輝き、過去現在未来の断見も消えて、一念に今に無量寿無量光を添へる。この自覚を體得して、初めてわれわれの肉體も神聖な存在となるのである。(18)

本書は、第一次世界大戦後の世界が「欧米」によって秩序づけられていることを危惧し、亜細亜を先導するためにも日本民族がその精神の力を発揮し、「神聖な存在」になるべく動機で書かれている。

ここでは「永遠の今」という言葉に象徴されるように、明確な時代区分は示されることなく、上記人物以外にも、道元禅師、熊沢蕃山、大塩平八郎、宮本武蔵、副島種臣、高橋泥舟といった人物を通して、「日本精神」を語っている。したがって安岡の「日本精神」は、「過去現在未来の断見」という区分を消すために存在しているといえるだろう。

石田文四郎『日本国民思想史講話』

一方で、安岡の同年同月に出版された石田文四郎『日本国民思想史講話』は、明確な時代区分をもって「日本国民思想」が描かれている。安岡同様に「日本国民の本質」の「自覚」を促す動機で書かれたものであるが、その核は「変化」にある。

吾々が幼い時分の心持ちや、今に至るまでのその変化を考へてみると、曾てそれが、自分の抱いていた心持ちであつたかといふ事に少なからず驚異の眼を瞠ることもあり、又独り静かに微笑む事もある。(19)

こうした自分の過去を振り返る行為を国の歴史に重ねあわ

せ、ひとつの時代の思想を見るだけでは、その本質を知ることは困難とする。

そして、「神武以前」「神武時代より大化改新迄」「大化改新当時より奈良朝時代迄」「奈良朝時代」「平安朝時代」「鎌倉時代」「室町時代」「桃山時代」「徳川時代」「明治及大正時代」という時代区分によって語っていく。

さらに、たとえば「明治及大正時代」は、「政治思想の発達」「明治の経済政策と国民の経済思想」「明治時代に於ける文学思想」「明治時代に於ける美術思想」「急激な新文化の輸入と国民思想」という節題を設け、唯一の「日本国民思想」を抽出する試みではなく、かつて日本列島に顕在化した「思想」を、幅広く収集するという意図が感じられる。

清原貞雄『日本国民思想史』

当時、広島高等師範学校教授であった清原は、石田と同様に、「固有信仰並に思想」「大陸思想の輸入」「大化改新」「大化以後奈良朝時代」「平安朝初期」「藤原時代」「平安朝末期」「鎌倉時代」「文教頽廃期」「徳川時代」という明確な時代区分を設定している。ただしその志向には差違が感じられる。

「日本人の国民性」とは「模倣」であり、「独創的なものがない」と評されることに対して清原は、それこそが「日本国民思想」の長所とする。

世界の種々の精神的文化の要素を受け入れた我国民は、或場合には温室の役目を務めて其発達を遂げしめ、斯くして世界のあらゆる文化は我邦に聚まつて爛漫たる花を咲かせている。(20)

世界のあらゆる思想を受け入れ、その都度変化し、そして発達していくことこそが「日本国民思想」の特徴であり、外来の思想に圧倒されて、滅亡することもなく、儒教を迎へ、道教を容れ、仏教に接し、これらと融合、調和して、社会文化の発達と適合しつつ不断の進歩を保ってきたことを、日本人は自覚し誇るべきであるとする。

したがって石田と比較すると、各時代において多種多様な思想が存在してきたという記述ではなく、あくまでひとつの思想が、「変遷発達」していく様を描いているといえる。平安を「平安朝初期」「藤原時代」「平安朝末期」と三分割していることや、石田が「室町時代」「桃山時代」とした時期を、「文教頽廃期」という、評価を含んだ時代区画にしているところからも、その差違が読みとれる。

井箆節三『日本主義』

本書では、明治期から大正にかけて、木村鷹太郎、高山樗牛、岩野泡鳴によって鼓吹された「日本主義」という言葉を受け、次の樗牛の文章が引用されている。

その本を糺せば日本歴史と共に初まり、物部守屋の排仏論となり和気清麿の忠節となり、菅原道真の和魂漢才論となり、真言天台以下の仏教緒宗派を日本化する中心勢力となり、北畠親房の神皇正統記となり、徳川時代の諸国学者の神道国教論となり、一時維新の改革に遭うて其の力を失ひしも、更に十九世紀新文明の光によりて新に赫灼たる本来の光輝を反射し来りたるものなり。……(文学博士高山林太郎『樗牛全集』第四巻)[21]

そして井箆は、「日本主義」は「神道の別名」と定義し、この「根柢」は変わらず受け継がれてきたとする。ただし、「枝葉花実」である外見は、歴史上、樗牛が指摘するように「物部守屋」「和気清麿」「菅原道真」「真言天台以下の仏教緒宗派」「北畠親房」「徳川時代の諸国学者」等の担い手によって多様なかたちに変容したが、根幹をなす「神道」そのものは不変唯一のものと述べる。

安岡の「日本精神」と同様に、時代を超越した存在として、井箆の「日本主義」は語られている。

和辻哲郎『日本精神史研究』

和辻は万葉集・古今集・竹取物語・枕草子・源氏物語等の古代文学や、白鳳天平の彫刻などの古代美術、あるいは古代仏教思想等を対象として、日本人の精神を追求し、それらを総体としてとらえようとする。

「推古仏のあの素朴な神秘主義」「白鳳天平のあの古典的な仏像や刹那の叫びたる叙情詩」「鎌倉時代のあの緊張した宗教文芸、哀感に充ちた戦記物」「室町時代の謡曲」「徳川時代の俳諧や浄瑠璃」といったものを裏づけるものは「物のあはれ」ではないかとし、「日本精神」=「物のあはれ」として、時代を超えたひとつの概念として把握することを試みるが、結局は次のように結論づける。

これらの芸術の根拠となれる「物のあはれ」が、それぞれに重大な特異性を持っている[22]

『日本精神史研究』は、あくまで各時代の根底にある「時代精神」を追求する試みであり、その「時代精神」の系譜の中に「精神史」を構築するというのが和辻の方法であった。少なくともこの時点での和辻にとって「日本精神史」は「日本」の「精神史」の意であったといえるだろう。

大川周明『日本精神研究』

冒頭、「何者を以てしても赦さるべくもなしと信じたる道徳的苦悩を感じたる時」、キリストの言葉によって救われた大川の経験が語られる。そして後に、同じ「教」を、仏教に、儒教に、そして「日本精神」にも見出す。それは、上代日本の信仰に源を有し、儒教・仏教とともに陶冶され、「武士の魂によつて百錬千磨せられたる士道」であった[23]。

この「日本精神」たる「士道」を、「横井小楠」「佐藤信淵」「石田梅岩」「平野次郎国臣」「宮本武蔵」「織田信長」「上杉鷹山」「源頼朝」という、時代・地位ともに異なる人物の思想や行動の中に見出していく。

「日本精神の天照る光は、実に偉人の魂を通じて最も朗かに輝きわたる」とし、「予の学ぶところ。思ふところ。信ずるところを披歴」したのがこの書とする。「日本精神の復興の為には、先づ日本精神の本質を、堅確に把持せねばならぬ」という志は、安岡と同様であり、実際、安岡の『日本精神の研究』には大川が跋文を寄せている。

大西貞治「古代日本精神の第一義」

同年二月にはすでに、「古代純日本思想」と題した著書を出版していた大西は、あらためてこの論文で、『古事記』に描かれた古代神話の中に「日本精神」を見出し、その中核は「祖先崇拝」とする。

天照大神が天孫に、自身の「御魂」として鏡を授け、それを後の祇神々、そして天皇が斎き祭ってきたが、このことは「昔も今も変わりがない」。

そして「祖先の現世的表象」として天皇は存在し、「祖先崇拝」は「天皇崇拝」と同義となる。天皇即国家であった古代においては、天皇のために生きるということは、自らの生活を実現することであり、同時に国家の発展を目指しての努力でもあった。

古代から変わらず日本に存在し、主体としても客体としても国民の「祖先崇拝」の象徴である天皇は、時代を超えて「日本精神」として生き続けているとしている。

高須芳次郎『日本思想十六講』

明治文学史や水戸学の研究などに業績を残した高須は、「日本思想」を語るにあたって、日本は偉大な哲学も深遠な宗教も生まなかったという事実を、清原と同様に、逆説的に「肯定」するところから始める。なぜなら、儒教、仏教、キリスト教のすべては、「日本の精神」の洗礼を受け、それぞれが日本の儒教、日本の仏教、日本のキリスト教になったと把握するからである。

ここから「日本思想」の特徴は、「同化、統合、調和の力」

にあるとし、主に上記三つの外来思想を、いかに「日本思想」が「同化、統合、調和」していったかという視点で歴史を語る。

思潮の流れを一貫しているのは純日本精神の閃きである。それは時に稀薄になり、時に微弱となったことがあっても、結局、大きな波の押よせてくるように国民的自覚の曙光と共に、振興せらるゝのが普通であつた。即ち一時的に外来思想に心酔することがあつたとしても、やがてそれを日本化し、「日本の物」としなければやまぬ機能の強い働きを示してゐた。(24)

この「思潮の流れ」を詳細する具体的時代区分は、「純日本思想の時代・前期(自然的傾向)」「純日本思想の時代・後期(自覚的傾向)」「儒仏思想と交錯した日本思想の時代」「平安時代」「鎌倉時代」「吉野時代(南北朝)室町時代」「江戸時代」となっている。

清原の「日本国民思想史」と同様に、「日本化」の経過における栄枯盛衰を描いていることから、「吉野時代(南北朝)室町時代」は「暗黒時代」、「江戸時代」を「思想の飛躍の時代」という評価とともに区分が存在している。

補永茂助「日本思想史の研究」

ドイツ、イギリスへの留学経験もある神道学者である補永は、日本思想を研究する目的を、「日本精神文明の精粋を探求闡明すること」とし、その中核を、「神道倫理としての忠孝」と「武勇、正直、純潔其の他」の二つとする。どちらも、天孫降臨にあたって大国主神が統べていた葦原中国を快く献じたエピソードや、天照大神が天孫に草薙剣を預けるといった「神代の物語」を根拠としている。

ただし、外来思想については否定することなく、「儒教の伝来によって忠若しくは考の文字によって其の道徳上の観念を標出することが出来た為に、之によっておぼろげであった観念を明瞭にし、神代以来継承せられた我が国民の道徳思想を涵養した効果の大であった」と評価する。

したがって「神道倫理説」では「菅原道真」「北畠親房」「一条兼良」「吉川惟足」「度会延佳」「山崎闇斎」「荷田春満」「賀茂真淵」「本居宣長」「平田篤胤」を、「武士道の系統」では「山鹿素行」「大道寺友山」「津軽耕道」「吉田松陰」を、それぞれ思想の担い手として挙げ、各時代の外来思想の影響を受けながら、神道、武士道がどのように各人物のなかで育まれていったかを検討している。

亘理章三郎『建国の精神と建国史観』

東京高等師範学校教授であった亘理の歴史は、「建国の精神」を核に、「上代に於ける国家の肇造」「氏族時代に於ける国家の肇造」「律令時代に於ける国家の肇造」「武家時代に於ける国家の肇造」「明治維新以来の国家の肇造」という時代区分によって語られる。ではこの「建国の精神」とはいったい何であろうか。亘理は、次のように述べる。

一、理想　建国には、価値として其の国家を創造して行くところの理想が存する。
二、感情　その国家の理想を仰慕し、どうしても其れを実現して行かずに居られぬ感情がある。
三、意志　此の理想・感情が動機となって、意志にまで展開し、その意志の力が国家價値の創造を続行する。(25)

これらの心のはたらき全体を「建国の精神」とする。つまり「建国の精神」とは、国の理想を理解、共感し、それを実現していく志ということになる。そして日本の理想とは、「皇室を絶対の中心とする」である。

この「建国の精神」が上記四つの時代区分においていかに実現されていったかを検証している。

山田義直『日本精神の一貫と国史教育』

教育という観点から「日本精神」を考えた山田は、「一貫したる日本精神の流れ」を教える教材が、現状存在しないことを指摘する。

そして「日本精神」とは、「儒教や仏教の未だ渡らなかった以前の固有神道に源を発し、後に伝来した儒教仏教の精神を咀嚼し、更に近代の欧米思想をも取り入れて発展して来た精神」(26)とし、本書はその定義のまま、「第一章　固有思想の時代」「第二章　固有精神と儒仏思想との交錯時代」「第三章　同化思想と欧米思想の交錯時代」という三章立てになっている。

「固有思想」は、「敬神の精神」「崇祖の精神」「尊王の精神」「愛国の精神」の四つで構成されており、「今日の国民思想」は、これらが時代によって「循色」「選錬」「発展」したものとする。

儒教や仏教が渡来したために、「固有思想」が衰えてしまったという主張はとらず、あくまで儒仏思想、欧米思想と交錯する様相の中に「一貫したる日本精神の流れ」があると捉える。

なお「第二章　固有思想と儒仏思想との交錯時代」は、より詳細に時代区分がなされ、「儒教、仏教の渡来より奈良時代まで」「奈良時代」「平安時代の初期」「藤氏摂関時代」「鎌倉時代」「吉野時代」「室町時代並に戦国時代」「安土桃山時代」「江戸時代」となっている。

紀平正美『日本精神』

ヘーゲルを中心に西洋哲学研究で名をなした紀平は、本書において「日本思想概説」という章にて、「自己意識」の成り立ちとして、日本思想の歴史を語っている。

人間の働きの「根本原動力」を美・善・真の三つとし、ギリシア文化とインド文化に真を、支那思想に美を配置する。この支那思想の影響を受けた日本も、当然、美となるが、その終局は「調和」である。

自然、人、外国、そして神との「調和」を根本とする場合、個人的なる「自己意識」はまだ前面に出ることはない。明治維新以後、西洋文化に本格的にふれることで、「調和」としての美から、科学的な真を受け入れ、個人としての脱却を果たす。

集団的「調和」と個人的「自己意識」の狭間で揺れ動き、葛藤してきたのが日本人であり、したがって、この葛藤の跡こそが「日本思想の変遷」を示すものであると紀平は捉える。

この「変遷」を語るにあたって、「自己意識の形式―古事記の巻」「座―たかみくら」「芸術の製産」「宗教的葛藤―三願転入の巻」「武士道の発達―（甲）つれづれの巻―（乙）正義勝利の巻」「国家としての統一―（甲）丸くて四角、忠臣蔵の巻―（乙）敷島の大和心の巻」「国威の発揚」という時代区分を使用している。

一方同書では、「日本精神」という章も設けており、そこでは「日本精神」の本質を、『古事記』を根拠とする「何にくそ」「清明心」であるとし、その本質を見極めようとしている。

田中義能『日本思想史概説』

神道学者であり、上田万年とともに今日に続く神道学会も設立した田中は、「日本民族」の思想は「極めて貧弱」であり、見るべきものは「支那思想」か「印度思想」に過ぎないという一般的評価を、「甚だしい無稽の論」と喝破する。儒教、仏教その他の思想を「醇化」「吸収」することで、「日本思想」は発展し、今日の日本文化が作りあげられていったと捉えているからである。こうした経緯や内実を、国民は十分に知る必要があるとし、「歴史的研究」の重要性を説く。

そして固有思想が外来思想を「摂取醇化」する歴史的過程を、「上古の思想」「(続)上古の思想」「中古の思想」「近古の思想」「近世の思想」という時代区分のなかで考察していく。

そして最後の結論として、日本の「固有思想」とは何なのかを「十か条に要約」しているが、本稿では以下二つのみを紹介する。

一　現人神、祖先神を崇敬し、その事蹟を尊重し、その遺訓を遵守し、その遺風を顕彰し、国民生活の規範を、こゝに求ること。

六　国家は綜合家族の特質を有するので、天皇は綜合家族の家長であらせられ、之れを代表せらる。されば天皇即国家であって、忠君は即ち愛国である。(27)

河野省三『日本精神発達史』

後に國學院大學学長になる河野は、この書の冒頭、近世の思想家、長谷川昭道の「天地のまことのみたま集まりて、やまと心となりにけらしも」という歌を引用する。(28) そしてこの「まこと」とは、目に見えない神をも動かすことができる「天」に通じる「至誠」であり、この「まこと」が人に凝縮されると「やまと心」となる。

「日本精神」はこの「やまと心」を本質とし、国の発展とともにこの心が「練磨し強調して、情操より信念へと展開」しているのが日本の歴史だとする。

こうした「日本精神の発達と鍛練」の観点から、中世以降に重きを置いた考察をしており、本書は、「第一章　日本精神の特色」「第二章　日本民族性と国體」と「日本精神」の概観を「やまと心」を軸に考察した後、「第三章　中世に於ける武士道の発達」に入る。その後は、「近世に於ける我が国家観念の発達」「明治時代国民思想の研究」と続いていく。

なお第三章は、「序説　武士道の本質と国民性」「第一節　武士社会の成立と武士道の発達」「第二節　鎌倉時代に於ける武士気質」「第三節　室町時代に於ける武士道の鍛練」という構成になっている。

鹿子木員信『新日本主義と歴史哲学』

日露戦争では日本海海戦に従軍、中尉で退役し、本書刊行時には九州帝国大学法文学部教授であった鹿子木は、「日本国民の歴史は決して単なる茫漠たる時間的変遷ではない」とし、「深き眼を以て読んで見れば、日本の歴史其のものが実は日本の独特なる哲学に外ならないもの」とし、「日本歴史の七階段」(29)として説明する。

一段階の「建国・力の国」では、「大和心」を広く敷衍するために「力」（権力）に依った建国を行い、二段階の「美の国」では、「力」の理想から美の理想の実現に変わってくる。ここでは雄略天皇の御遺詔や仏教を芸術の美しさから受け入れられたことが語られる。三段階の「いのちの国」では、「美」の理想の究極として「命」の「格式化、形式化」に向かったとし、平安朝末期から中世にかけての「宗教的信念の運動」が語られる。四段階の「道の国」では、戦国時代において、その「危機に当面」した「命」を救うために、「整へ正す」＝「道」へと向かう。道義的精神の発達であり、織田信長、徳川家康を例として挙げ、「日本の武士の道といふものが徳川時代に至って武士の作法になつて来た」とする。五段階の「学びの国」では、明治維新が語られ「明治維新を生み出し明治の御代を指導したこころの最高の原則は、真理の理想である」とし、ここで日本は真理を求めて、ひたすら学問を研究する「学びの国」になったとする。六段階の「富の国―資本主義と共産主義」では、学びの成果として、日本の国は経済的生活における自由主義を実現し、その下では「金といふものが強大なる力を示して行く」。その反作用として「マルクスの国際的共産主義」が起こり、この二つの主義がともに理想とする世界を目指して併存しているのが現在だとする。

そして最後の七階段とは、これからの時代であり、「新日本主義の理想」実現のためにも、ここまでの六階段にみた「二千数百年のやまと心の発展」の跡を辿り、「今日より明日へと私共を導く理想の何であるかを尋ねること」の重要性を指摘している。

池岡直孝『日本精神の闡明』

当時明治大学教授であり、嘉納治五郎の講道館分科会の運営にもかかわった池岡は、「日本精神」とは、「日本の国家に特有なもので、しかも歴史を通して一貫せるもの」とし、それは「皇室心」であるとする。「皇室心」とは、日本の中心は皇室であることをしっかりと自覚し、皇室を思い、慕い、支えていく心構えである。

こうした観点からの池岡による日本の歴史は、「大化の改新と日本精神」「明治維新と日本精神」という二段階のみで語られる。

池岡の歴史叙述で重要なのは、「皇室中心の原理から見て、意義ある史実」であり、「国家と統一し改造するには、皇室を中心として営むといふことが我が国特有の改新原理である」とし、この観点から「大化の改新」と「明治維新」が国史において大いに意義のある「史実」と見なしているのである[30]。

田制佐重『日本精神思想概説』

戦後には、アメリカ教育社会学の概説書の邦訳などもする田制は、「日本精神」を、「我が建国以来の神ながらの道を体得し、実践し、伝承し、発揚するの精神」と定義する。そして「神ながら」とは、「祖先の遺風に従ふこと」であり、「祖先の遺風」とは、「真の道」に従うことであり、「真の道」とは、人間が生まれながらにもっている「仁義礼智という真の心」に従うこととなる。[31]

この「日本精神」は、理論や言説を受け入れて、「絶えず拡大深化して息まざるきわめて動的なる道」であるとし、儒教、仏教や洋学、また国学ですら、すべてが「日本精神」が深化するための肥料または栄養素である。

本書は、「神ながらの道」を拡大深化させた「先賢諸家」を取り上げる構成となっており、「日蓮」「北畠親房」「吉川惟足」「山崎闇斎」「熊沢蕃山」「山鹿素行」「荷田春満」「賀茂真淵」「本居宣長」「平田篤胤」「藤田東湖」「吉田松陰」「福澤諭吉と西村茂樹」の思想が検証されている。

四　四つの分類

以上、時系列に沿って見てきたが、これらの「時代区分」は、その内容から次の四つに分類できる。

⑴唯一（日本思想）／⑵発展（核と側）／⑶個別（総体）／⑷事実（日本の思想）

⑴唯一（日本思想）

ひとつの「日本思想」が、時を超えて頑然と存在していると考える立場である。

多くは日本神話に典拠がもとめられ、その時点で思想として確立し、それが時代を経ても変わることなく今に至っているとする。時代を経て変化、発展するという歴史観はとらず、本質的には、「日本思想」と同様に、日本の歴史を流れる時間はひとつのものと捉える傾向が強いため、「時代区分」は、ほとんど意味をなさない。

したがって基本的構成は、人物主義となる。時代も立場も異なる歴史上の人物を取り上げ、それぞれの人物が、同一の「日本思想」を、どのようなかたちで時代に表していったかということで歴史が語られていく。

「日本精神」という言葉で分析されたもののほとんどが該当し、例外としては井箆節三の「日本主義」がある。また大川周明は「日本精神」を表明しているが、「武士」を中核に「日本精神」を設定し、儒教、仏教とともに陶冶＝変化する「士道」を語っているため、本項目には該当しないと考える。

該当人物：安岡正篤・井箆節三・大西貞治・田制佐重

⑵発展（核と側）

「日本思想」が、時代とともに、どのように発展していったかを考える立場である。

ただし、前提として大川周明の「士道」、山田義直の「固有思想」、河野省三の「やまと心」、鹿子木員信の「大和心」、亘理章三郎の「建国の精神」といった、時代によって変わることがない核を先ず設定する。そしてそれが時代とともに、儒教、仏教、キリスト教といった外来思想の影響によって、どのように発展していったという歴史記述となる。

変わらぬ部分と変わる部分の両方の存在を認め、また変わらぬ部分を担保し、ここを中心としての変容のため、その変化は基本的に良い方向（発展）と捉えられる。

具体的「時代区分」は、たとえば山田の「固有思想の時代」「固有思想と儒教思想との交錯時代」「同化思想と欧米思想の交錯時代」や、亘理の「上代に於ける国家の肇造」「氏族時代に於ける国家の肇造」「律令時代に於ける国家の肇造」「武家時代に於ける国家の肇造」「明治維新以来の国家の肇造」のように、変わらぬ核を主体に、時を区分することになる。また変わらぬ部分は継続していることから、時代を分ける意識よりも、境目のつながりを重視する傾向がある。

なお村岡典嗣もここに該当すると考える。村岡は昭和二十年（一九四五）九月に、東北帝国大学で行った特別講義において、日本精神は、「国体」と「世界文化の摂取」の二つがあると述べている。前者は、万世一系の皇室を戴いて、国民が建国以来の歴史において実現し、護持し、また成就し来った血族的国家であること。後者は、建国以来、日本は、諸外国との交渉、接触によって多くを学び、消化してきた態度とする。そして敗戦の原因とは、後者を忘れ、前者のみで「日本精神」を語るようになった所以とした[32]。

該当人物：大川周明・亘理章三郎・村岡典嗣・山田義直・紀平正美・河野省三・鹿子木員信

(3)個別（総体）

それぞれの「日本思想」が、それぞれの時代に存在していたと考える立場である。和辻哲郎の「時代精神」に代表されるように、各時代に、その時代ならではの「思想」が存在していたとする。

ただし単なる歴史的事実として記述するのではなく、その時代が求めた価値や理想という視点から、抽象化された概念まで昇華させて描写する。平泉澄の上代の「美」、中世の「聖」、近世の「善」、現代の「真」というのはこの典型である。こうした方向性は、最終的に総体としての「日本思想」に結実させたいという志向も存在している。

ただし村岡の平泉批判に表されているように、その試みは成功することなく、基本的には「分断」としての思想史に留まっている。

該当人物：和辻哲郎・平泉澄

(4)事実（日本の思想）

歴史的事実として、それぞれの時代の思想を捉える立場である。

「日本思想」としての核や総体の志向性や、「時代の精神」といった抽象化の意識は少なく、文献等から確認できる、事実として日本列島に存在した「思想」を、〝科学的に〟記述していく。そのために「時代区分」は、政治史的区分と、ほぼ同類となる。

清原貞雄、高須芳次郎、田中義能は、日本の思想は外来思想の模倣でしかないという一般的批判に対して、あらゆる思想を受け入れるという性格こそが、「日本思想」の特徴であり長所としているが、その骨格や核を概念化するまでに徹底することはなく、あくまで歴史的経緯としての歴史観に留まっている。

該当人物：石田文四郎・清原貞雄・高須芳次郎・補永茂助・田中義能・池岡直孝

おわりに

以上は、綿密な論展開ではなく、情報提供を主体としたラフスケッチとなる。

この情報を豊かに活かすためには、この十年を前後する時代との比較や、各論者の学術的立場・自己内での思想変容などを、厳密に追っていく必要がある。しかし、「時代区分」という視点の導入によって、これまでとは異なる視覚で文献を捉え、分類化が可能になる可能性を感じられたのは、著者にとっては大きい〝成果〟であった。

そもそも本稿冒頭の問いの発端は、戦争を境とした歴史教科書における「時代区分」の〝出現〟にある。

戦前の日本史教科書は、基本的に人物中心の編目構成がとられていた。なかでも大正九年（一九二〇）に刊行された第三期国定教科書『尋常小学国史』は、課題名として取り上げられた人物は、天照大神・神武天皇・日本武尊から明治天皇・今上天皇まで四六名、それぞれの課内にあげられた人物は、素戔嗚尊・大国主神・瓊瓊杵尊から昭憲皇太后・西園寺公望まで合計一七二名にもおよび、人物中心主義ともいえる編集方針であったことがうかがえる。もちろん「神国」「大和の国家」「奈良の都」から「世界の動き　明治から大正へ」「昭和の大御代」という時代名は付されているが、あくまでその叙述の中心は特定の人物に焦点があてられていた。

一方戦後、昭和二十一年（一九四六）九月に発刊された『くにのあゆみ』では、こうした人物主体から、大和・飛鳥・奈良・平安・鎌倉・室町・安土桃山・江戸・明治・大正・昭和という時代史を中心とした編成に変化する。

木村茂光・今野日出晴は、戦前の教科書は、「天皇と忠臣」を中心とした「「尊王愛国」のイデオロギーの注入」のための内容であり、一方戦後は、時代史を中心とした区分と変わり、「歴史学・歴史教育の体系的認識の前進という観点から、この転換を高く評価したい」と述べている。(33)

こうした指摘からも分かるように、いかに「分ける」かは、その対象の本質を如実にあぶり出すことになる。「日本思想」も、またその例外ではない。

註

（1）『新編日本思想史研究――村岡典嗣論文選』（平凡社東洋文庫、二〇〇四年）に収載されている池上隆史による「村岡典嗣年譜」を参照。
（2）田中康二「同時代思想としての国学（下）――日本精神論の流行と変容」（『本居宣長の大東亜戦争』ぺりかん社、二〇〇九年）七七頁。
（3）同前、七三―七六頁。
（4）『本居宣長』（警醒社、一九一一年）三八九頁。
（5）「ヨーロッパ史学で一般に用いられるのは、古代・中世・近世（近代）の三分法である。これはルネサンス時代のヒューマニストによってはじめられた時代区分の仕方であった。彼らは従来からの古い秩序や理念を否定し、新しい秩序や理念をもつべき時代の開幕として、現在を自覚し、これを近世（モダン・エイジ）とした。そして否定さるべき野蛮な時期が中世であり、中世と異なる、新しきものの理想像を提供したギリシャ・ローマ時代が古代としてつかまれたのである。こうした三分法は、歴史認識の基本型ともいうべきもの」（遠山茂樹「時代区分の根拠と問題点」、『岩波講座日本歴史22　別巻㈠』一九六三年、一六七頁）、「ヨーロッパ文明の源流をさぐるかたちで生まれた「三分法」は、「社会の発展段階による時代区分」に接点を見いだすことによって、ヨーロッパの歴史学会に強固な足がかりを得たのである。……だが、この「三分法」は、ヨーロッパという、特定の国をこえた、広い地域にわたっての時代区分の基準であって、それは、各資本主義国における「社会の発展段階」の継起に即応しているものではない」（大谷瑞郎「時代区分にかんする一考察」、『武蔵大学論集』二六号、一九七八年）。

（6） 村岡典嗣『日本思想史概説』（創文社、一九六一年）一一八頁。ここでは、明治期以降の時代区分として、横山由清、佐藤誠実、久米邦武、有賀長雄、『国史眼』が取り上げられている。

（7） 同前。

（8） 平泉澄とともに、津田左右吉も取り上げ、国民思想の研究において、貴族的、武士的、平民的の三段階説を唱えていることについてもふれているが、「特に概説的叙述なく従って詳細を知りえない」（同前、一一四頁）と指摘するにとどまっている。

（9） 平泉澄『国史学の骨髄』（錦正社、一九八九年）一一五頁。

（10） 前掲『日本思想史概説』一一六頁

（11） 同前、一一八頁。

（12） 同前。

（13） 同前。

（14） 村岡典嗣が平泉澄の研究を受けて、「中世」像を変更させた経緯、内容については、昆野伸幸「村岡典嗣の中世思想史研究」（『季刊日本思想史』七四号、二〇〇九年）にて検証されている。

（15） 以上、同前、一一九―一二五頁。

（16） 今回の検討文献は、大杉謹一「調査 最近十年に於ける日本精神研究関係文献」（『道徳教育』二巻一〇号、一九三三年十月）に挙げられている文献から、本稿テーマに合わせて取捨選択しつつ、他からも何点か付け加えたものである。大杉は前書きとして「日本精神のいよいよ盛んに高調せらるゝものあり、遂に五・一五事件の発生を見るに至って今日に及べるもの、如くである。その間、学者、思想家の研究及論説発表多きが中に、著書及び雑誌特輯号のみを取って左に之を揚ぐ」と記している。なおこの文献一覧から「文部省」のものは取り上げず、また同一著者が対象期間内に複数発表している場合は、テーマに適するものをひとつに絞った。

（17） 安岡正篤『増補改訂 日本精神の研究』（玄黄社、一九三七年）一頁。

（18） 安岡正篤『日本精神の研究』（玄黄社、一九二四年）三五六頁。

（19） 石田文四郎『日本国民思想史講話』（二松堂書店、一九二四年）一頁。

(20) 清原貞雄『日本国民思想史』(東京宝文堂、一九二五年)七頁。

(21) 井箆節三『日本主義』(平凡社、一九二六年)三〇六―三〇七頁。

(22) 和辻哲郎『日本精神史研究』(岩波書店、一九二六年)二二八頁。

(23) 大川周明『日本精神研究』(行地社、一九二七年)一―二頁。

(24) 高須芳次郎『日本思想十六講』(新潮社、一九二八年)一六頁。

(25) 亘理章三郎『建国の精神と建国史観』(大成書院、一九二九年)六五頁。

(26) 山田義直『日本精神の一貫と国史教育』(目黒書店、一九三〇年)三頁。

(27) 田中義能『日本思想史概説』(東京堂書店、一九三一年)二〇二―二〇三頁。

(28) 河野省三『日本精神発達史』(大岡山書店、一九三一年)一頁。

(29) 鹿子木員信『新日本主義と歴史哲学』(青年教育普及会、一九三二年)七七―一二六頁。

(30) 池岡直孝「国家改新と日本精神」(『日本精神の闡明』章華社、一九三三年)七七―一〇五頁を参照。

(31) 田制佐重『日本精神思想概説』(文教書院、一九三三年)一―二頁。

(32) この特別講義は、「日本精神を論ず――敗戦の原因」(前掲『新編日本思想史研究』)という論題にてまとめられた。

(33) 木村茂光・今野日出晴「歴史教育と時代区分」(『日本史研究』四〇〇号、一九九五年十二月)一〇一―一〇二頁。『尋常小学国史』『くにのあゆみ』の内容についても参照した。

(みずの ゆうじ・一般社団法人倫理研究所専門研究員)

■時代区分と思想史（季刊日本思想史第八十三号）

一条兼良『日本書紀纂疏』の「離陸」——クニノトコタチをめぐって——

徳盛誠

一、はじめに

古代、中世、近世といった時代区分を越え、全体としての思想史をいかに展望しうるか——、諸時代を通貫する基軸を見出すことをその一つの応答の試みとするなら、[1]八世紀初めに成立し、現在においてもなお解釈、研究の対象でありつづける『日本書紀』（以下、書紀と略記する）は、天皇とその支配の来歴を語るものという中心的な意義とともに、一つの基軸たりうるのではないか。

このことはただし、書紀そのものが不動の経典として存在しつづけたことを意味しない。むしろ書紀は改変され、再編され、置換され、新たな神話テキストを生み出すことによって、また原理的な注解によって、いわば「転生」を繰り返してきたのであり、むしろその「転生」を通じてこそ、基軸たりえてきたことを特質とする。[2]

そこに思想史全体を捉えうる視座をひらきうるのではないかという提起は、すでに神野志隆光氏によってなされている。[3]その展開を「テキストの運動」として捉え、テキスト解釈を通じて歴史的過程を析出するその実践も、著作として具体化されている。[4]

本稿では、その提起を受けとめながら、とくに書紀解釈について、その思想史的な可能性を考えたい。各時代に提起された書紀解釈の数々は、たんに時代的な配置のひろがりによってではなく、先行する解釈との連関——継承、更新、転換、排除など——によって、固有の歴史的地平をひらいていると考えるからである。したがって、それらを各々の時代背景や政治的ないし思想的な脈絡に還元するのではなく、むしろ解釈がそれぞれに創出しているものを見ることを試みる。中心とするのは、十五世紀半ばに成った一条兼良『日本書紀纂疏』（以下、纂疏と略記する）である。書紀「神代」の最初に出現する神、クニノトコタチ（国常立尊）の神名解釈に問題をしぼって、その歴史性を検討する。

二、『日本書紀纂疏』におけるクニノトコタチ

本稿の焦点となるクニノトコタチが現れる書紀第一段本書をまず掲げよう（注は省略）。

古天地未剖、陰陽不分、渾沌如鶏子、溟涬而含牙。及其清陽者、薄靡而為天、重濁者、淹滞而為地、精妙之合摶易、重濁之凝竭難。故天先成而地後定。然後、神聖生其中焉。故曰、開闢之初、洲壌浮漂、譬猶游魚之浮水上也。于時、天地之中生一物。状如葦牙。便化為神。号国常立尊。

次に、この第一段本書の中のクニノトコタチ（「国常立尊」）についての、纂疏の注釈を掲げる。

国常立、則神名也、国、指天地而言、常者不易也、立者卓然之理、言天地常然之理、卓爾於前、流行日用之間也[5]（三〇頁）

兼良は「国常立尊」という名を構成する文字を一字ずつ解釈していて（「尊」についての注釈は略した）、「常」は不易、「立」は高くぬきんでた理、とし、「国」は天地を指して言う、全体としては、天地全体は変わることなく然るべくあるという理が、ゆるぎなく、日用にいきわたっている意とする。この中で、全体の意にも深くかかわる「国、指天地而言」（国、天地ヲ指シテ言フ）という解釈は、現代の「国」の語義のみならず、当時、兼良が前提とした「国」の語義に照らしても[6]、特異といわざるをえない。

他方、纂疏におけるこの「国」解釈は、周到なものとしてある。一つ挙げれば、つづいて出現する神クニノサッチ（国狭槌尊）解釈では、「国狭槌」を同音の「国狭土」とみなした上で、その名を、開闢間もない状態を示す「天地相去未遠」（傍点徳盛）の意と解している。これは書紀叙述に後出する表現であって（第五段本書）、クニノトコタチ解釈で提起した「国」解釈が、書紀「神代」の叙述に一貫した理解をもたら

すことの一つの実証となっているのである。

青木周平「「国常立尊」注釈史断章」はつとにこの「国」解釈に注目する。[7] 纂疏が提示したこのクニノトコタチ解釈が、中世後期はもとより、近世においても吉川惟足『神代巻惟足講説』、度会延佳『日本書紀神代講述抄』といった注釈書に継承されることを確認し、同じく「国ハ天地也」とした忌部正通『神代巻口訣』とともに、本説を「宣長以前最も広まった説」として、近世諸注への影響の大きさを指摘している。[8]

しかしながら現代の書紀注釈にその影響はほとんどみられない。現代の標準的な解釈と目される日本古典文学大系本は、クニノトコタチの名の解釈において、「国」そのものに言及することなく、注釈の末尾で、「常立」の語義とあわせて、「国家の将来の永劫の安定・発展を求める気持がそこにあらわれているのであろう」とする説を紹介するにとどまる。同じく新編日本古典文学全集本も、「国」の意味には触れず、神名全体として「国土の恒久なる存立の表象」とする。どちらも「国」については、自明のこととして「国家」「国土」と解されているといってよい。[9]

近世の状況から見れば、これは転換の結果であり、青木論文が指摘するように、その画期は、本居宣長の解釈にある。

宣長は、その書紀論である『神代紀髻華山蔭』(寛政三年〈一八〇〇〉刊)において、「国常立尊」について、次のように述べている。[10]

○国常立尊、これより前に、高天原に生坐る神五柱ますを、さしおきて、此国常立尊を第一に挙られて、これより前には、神なきが如くなるは、此国土を主として、天に生坐る神をば、撰者のこゝろしらひを以て、略かれたるもの也

宣長は、クニノトコタチを最初の神とする書紀「神代」の冒頭部と、「別天神」とされる五神(アメノミナカヌシ、タカミムスヒ、カミムスヒ、ウマシアシカビヒコヂ、アメノトコタチ)の後にクニノトコタチが出現する古事記の冒頭部とを比較する。そして書紀冒頭部の記述を、古事記の冒頭部の「天神」五神を省略した形態とみなし、省略されたのは、書紀が「此国土を主として」書かれているゆえとする。宣長がそう判断する根拠は、アメノトコタチ(天常立之神)の名の「天」と対をなすクニノトコタチの名の「国」にある。宣長の解釈において、クニノトコタチの「国」とは、現代の注釈のいう「国家」よりも広大な領域を指すが、「天」と対になるものであって、地上世界を指すことは動かない。

明治三十五年(一九〇二)に刊行された、近世の書紀学の集成ともいうべき飯田武郷『日本書紀通釈』は、次のように記している。[11]

国常立尊。御名義。記伝に。国とハ天に対へて此国をいふ。常立。一書に底立とあり。か丶れハ登許ハ曽許と通ひて同し。凡て底とハ。上にまれ。下にまれ。横にまれ。至り極れる所を。何方にても云り。（中略）然れは此御名は国之底都知にて。国の底ひの限を。所知看より負る御名なり。

ここでは、「記伝」と明記するように、宣長『古事記伝』におけるクニノトコタチ解釈がふまえられていて、「常」「立」解釈も纂疏とは異なるが、「国」についても、天に対して「此国」を指すとし、宣長の見解が継承されている。「国」とは「此国をいふ」、とは飯田の表現だが、宣長の見解を経て、クニノトコタチの「国」の指示対象が自明と受けとられる現代の状況に近づいているといえる。

ひるがえって、当時においても自明とはいえなかった兼良の「国、指天地而言」とする解釈はいかに成り立ったのか。この問いを基点として、纂疏以前の書紀解釈の流れを見たい。

三、平安期の日本紀講書における　クニノトコタチ

クニノトコタチ解釈については、平安中期まで幾度も朝廷で開催された書紀講義（日本紀講書）ですでに問われている。その記録の一部を『日本書紀私記』丁本、さらに講書の私記等を集成した卜部兼方『釈日本紀』に見ることができる。『釈日本紀』「述義」の「国常立尊」の項を、現在の問題に関連する箇所に絞って掲出する。整理のために番号を付し、改行した。

公望私記曰。（中略）①問云。凡数神等名号。若有所由乎。答云。先師伝云。或有其由。或未詳其由也。②又問云。此国常立尊有何義乎。答云。至于此神。未詳其由。又下豊斟渟尊。大戸之辺尊。伊奘諾伊奘冉尊。未詳其由耳。③問云。案古事記。自国常立以前。先有五柱神人也。而今此紀不載之。其説如何。答云。今此紀不載之由未詳。

④公望私記曰。案古事記。此五神下注云。此五柱神者別天神者也。然則古事記者惣別天地初分之後化生之神也。故雖高天原所居之神。猶載之也。今此書者。独初取地上之神治地下者也。故不及天神在高天原者也。而先師不伝、当是漏歟。

⑤或書、問。国常立尊御名。誰人始称。又若有所拠為号哉。答。師説。仮名日本紀。上宮記。幷諸古書皆有此号。但始称之人無所見。上古之間無由拠勘。今案。常立之義者。天下始祖将伝子孫万代無窮歟。（中略）

⑥先師説云。国常立者。神孫長遠常可立栄天下之義也。⑫

（『釈日本紀』述義一）

文中の「公望私記」については、「延喜度講書の尚復にして承平度の博士であった矢田部公望が、延喜の講書のために元慶度の講書にかかわる「私記」に注を書き加えて備えたものと見るべきであること」は、太田晶二郎「上代に於ける日本書紀講究」（初出一九三九年）の指摘をふまえ、神野志隆光「「公望私記」と「元慶私記」」（初出二〇〇一年）が検証している[13]。

この検証をふまえれば、①から③は元慶度の日本紀講書（八七八～八八二年）の問答とみられる。①②では、神の名義が問われ、クニノトコタチについては未詳とされる。③では、古事記冒頭部でクニノトコタチに先行して出現する五柱の神々が、書紀には記載がないことが問われている。古事記の冒頭の神々と比較する問題関心は、先述の宣長とすでに共通している。ここでも回答は理由未詳である。①の「先師伝云」といった文言にあらわれるように、「未詳」という回答であっても、過去の博士説が尊重され、それを前提に回答がなされることが特徴的である。

④は、未詳とされた③の問いに対して公望が所見を付した注である。古事記冒頭五神は「別天神」として「高天原」に在るのに対して、クニノトコタチ以下の神々は、「地下」を治める「地上之神」であるとし、書紀はその叙述において「地上之神」のみを取り上げているのだとする。「地上之神」という理解が、クニノトコタチの「国」に依拠しているのは間違いなく、「天」と「国」とを対として捉え、書紀の冒頭部の叙述のありようを説明しているところは、宣長の見解に重なり、先駆しているといえる。

「或書」の⑤は、その公望が博士をつとめた承平度の講書（九三六～九四三年）の問答である（『日本書紀私記』丁本にも確認される）。

公望はまずは先師説を引き、諸書によっても「国常立尊」の起源、由来は不明とする。その上で、自身の案として（「今案」）、その名は、「天下始祖」が（その天下を）万代窮まりなく子孫に伝えていこうとする意とする[14]。公望は、文字を逐一解読してはいないが、クニノトコタチの「国」については「天下」と解しているようだ。この「天下」という理解は、④の「地上」という解釈の延長上にあり、この神が最初に現れる神であることをその後の展開の起点と捉える解釈（「始祖」）と相俟って、この後、書紀「神代」の叙述において、イザナキ・イザナミによって具体化される世界が「国」、さらに「天下」と称されることとなるその展開を見通したものといえる[15]。

書紀「神代」の物語において、陽神・陰神として世界を生成するイザナキ・イザナミとは異なり、第一段の出現以降、クニノトコタチは叙述に現れることがない。叙述としては、神として最初に現れるということにつきるのだが、公望の解釈は、その物語上の位置から「始祖」として認定し、さらにその名義から、天下の安定的な持続への意向を読みとることによって、この神に、後代の天皇統治に寄与する主体的な態度を読み込んでいるのである。

こうしたクニノトコタチ理解は、当時、講書の竟宴でよまれた和歌でも共有されている。

延喜六年（九〇六）の竟宴歌一首、天慶六年（九四三）の竟宴歌一首、いずれも「国常立尊」を題としたものを挙げる[16]（左注は略す）。

得国常立尊　従五位下大学頭藤原朝臣春海
あしがひのなみのきざしもとほからずあまつひつぎのはじめともへば
得国常立尊　従四位下行大学頭兼文章博士備前守大江朝臣維時
あめのしたをさむるはしめむすびおきてよろづよまでにたえぬなりけり

延喜度の講書で博士をつとめた藤原春海の歌は、悠遠な過去、葦牙のごときものからクニノトコタチが出現した際の、水面の波立ちに思いを馳せた歌だが、そこにすでに「天つ日嗣のはじめ」を感受する点で、承平度の公望の解釈に繋がるものといえる。その承平度講書の竟宴での大江維時の歌は、クニノトコタチが、天下を治めるその初めに「むすひおく」、すなわち、誓いをたてておくことによって、その治めは万世にまで続いてきたのだと、その役割を積極的にみとめていて、公望解釈をふまえたものとして読める。公望の解釈とこれらの歌とにみられた、クニノトコタチに対する、後代の天皇統治に繋がっていく「天下始祖」という位置づけは、その名の「国」を天皇の統治する「天下」と繋いでいることとあわせて、平安中期の書紀解釈の特徴といえるだろう。

四、卜部兼文のクニノトコタチ解釈

『釈日本紀』のクニノトコタチ解釈の最後⑥は、時代が下り、文永二年から三年（一二七四〜七五）ごろ、編者卜部兼方の父兼文（先師）が一条実経、家経、実家父子らに対しておこなった講義にもとづいたものとみられる[17]。

兼文説は、「神代」最初の神という文脈上の意義と「国常立」という字義とに基づいて、つまり公望と同じやり方で、この神の名を、「神孫」が「天下」を永久に繁栄させうることの保障と解している。ただし公望説を踏襲しつつも、この神を「天下始祖」とはしない点が特徴的である。名義についても、子孫とその天下の永続という主題は、公望説を継承しながら、それをクニノトコタチの意思と見なした公望説とは違って、そうした想定をせず、その名自体が保障する、あるいは命じていると解しているのである。[18] つまり、兼文は、この神の名を、天皇による天下の支配をつくりだす系譜のはじまりの存在を指す語から、それ自体が天皇による支配の永続を確証する表現へと、解釈を転換したのである。

テキストとしての書紀理解という見地からすれば、この転換は、公望解釈と比べて、書紀叙述により即した解釈と評しうる。書紀神武紀の、カムヤマトイハレビコによる、天下統治へと向かうことの宣言をみてみよう。その中でカムヤマトイハレビコは、「神代」をふりかえり、次のように述べている。

昔我天神、高皇産霊尊・大日孁尊、挙此豊葦原瑞穂国、而授我天祖彦火瓊々杵尊。於是、火瓊々杵尊、闢天関披雲路、駆仙蹕以戾止。

「神代」について、タカミムスヒ、オホヒルメという降臨したニニギの祖父祖母たる神々から語り出していて、冒頭の神クニノトコタチには及んでいない。最初の天皇となるカムヤマトイハレビコにとって、クニノトコタチは、自らに繋がる系譜に位置づけられる存在ではない。そのことをこの宣言は明らかにしている。ここに書紀の文脈をみとめるなら、クニノトコタチに、神武からはじまる天皇の系譜に直接的にかかわるのではなく、むしろそうした系譜を生み出す「神代」の展開全体にかかわる意義を見出す兼文説は、書紀「神代」、さらに神武紀に至る物語叙述をよくふまえた解釈だろう。

こうした兼文説の成立には、中世的な概念が介在した可能性があることもみておこう。『釈日本紀』にみられる「天神七代、地神五代」という見方である。書紀「神代」の上下の区分に関する『釈日本紀』の記事を掲げる。

問、分神代上下巻。其意如何。答。師説。第一巻載天神七代之事。故曰神代上。第二巻載地神五代之事。故曰神代下也。

ここで「神代」上下の区分の実質としてもちだされている「天神七代」「地神五代」という分類は、書紀叙述はもとより、講書が行われた平安中期にはいまだ見られず、平安末期以降にあらわれた中世的な概念であるとみとめられる。[19] 公望説と兼文説とを隔てうる概念ということだ。クニノトコタチ以下、イザナキ・イザナミまでを「天神七代」とし、アマテラス以下、ウガヤフキアヘズまでの「地神五代」と区分して捉えることは、兼文が、「天神」たるクニノトコタチによる、「地神五代」に連なる天皇代への関与を直接的なものとは解さない契機になりえたのではないか。可能性をいうにとどまるが指摘しておく。

卜部兼文、兼方ら平野流卜部家の説は、こののち吉田流卜部家に継承されていく。また文永年間の兼文講義もそのあらわれであった一条家との繋がりも継承されていて、応永四年（一三九七）、吉田流卜部兼熙は、一条経嗣に書紀の秘説の伝授を行っている[20]。それは経嗣から子兼良にも早く伝授されて、応永二十五年（一四一八）、兼良は、吉田流の当主兼敦が早世したため伝授が十分でなかったその子（兼敦実弟）兼富に望まれて、いわゆる返伝授を行っている[21]。

吉田兼敦自筆の書紀注釈書『日本紀神代巻秘抄』が現存するが、そのクニノトコタチの項には、「国常立尊、猶如言御事也、神孫長遠可立栄天下之義也[22]」と記されている。「尊」の意味と「国常立」という名義の解釈と、いずれも『釈日本紀』に見出せ（「尊」解釈については先の引用では省略した）、後者は本節で考察した卜部兼文説と同文である。これは兼敦の代まで兼文の説が尊重され、継承されてきたことを示していて、右の経緯からいって一条兼良にも伝わっていたにちがいない。兼文説は、その学説の継受関係からいっても、確実に一条兼良のクニノトコタチ解釈の前提をなしたのである。

ただし纂疏で示された兼良の解釈が、兼文説だけでは説明できないことは明白であろう。別の歴史的脈絡を示唆するものとして、北畠親房『神皇正統記』に注目したい。

五、『神皇正統記』のクニノトコタチ

北畠親房『神皇正統記』（一三三九年初稿成立、以下『正統記』と略記する）は書紀注釈ではない。しかし書紀「神代」理解における画期とその意義を明確にしたテキストである。

それは一つには、『正統記』が、書紀「神代」を中心とする「我朝」の神話叙述を、他の言説に向けてひらいたこと――それらと並置し、比較する視座を提示したことにある。

本書中の「同世界ノ中ナレバ、天地開闢ノ初ハイヅクモカハルベキナラネド、三国ノ説各コトナリ」（四五）という親房の言は[23]、仏教概念である「世界」を通じて把握された天竺、震旦、本朝三国を包含する「同世界」という認識の下、天地開闢に関する他国の説――「天竺ノ説」（仏教説）、「震旦」説（儒教説など）――と「我朝」の説とを、相対するものとして捉えている（「各コトナリ」）。

この認識が実際に『正統記』の叙述を成り立たせる前提をなしていることは、この言をふくむ序論的な記述に明らか

である。親房はこの言に先立って、日本の国名の数々とその「倭」から「日本」への転換について、漢書、唐書など中国の史書を参照して論じ、ついで須弥山を中心とする仏教的世界観を詳述して、天竺を贍部州の「中国」、震旦を「一辺ノ小国」とし、日本は東北の海中にある別州、とその世界の中に位置づける。古来からの「漢土」との関係をふくめ「我国」が天竺、震旦とともに「同世界」上にあるという認識を、時間的、空間的に具体的に示すのである。そして上記の言をはさんで、世界生成について仏教説を詳しく紹介し、震旦の諸説も「世界建立ヲ云ル事タシカナラズ」と評しつつ述べて、両国の説と「我朝」説との類似にも言及する。このように諸言説を見わたす場をテキストの内につくりだした上で、親房は「我朝」説を語りはじめるのである。

そうした態度の変更によって「我朝」説、書紀「神代」理解も変容する。『正統記』からの引用を挙げよう（〔　〕内は私に補った）。

〔震旦の〕異書ノ説ニ、混沌未分ノカタチ、天・地・人ノ初ヲ云ルハ、神代ノ起ニ相似タリ。（中略）

我朝ノ初ハ天神ノ種ヲウケテ世界ヲ建立スルスガタハ、天竺ノ説ニ似タル方モアルニヤ。（四八）

親房が、書紀「神代」に基づく「我朝」説と震旦、天竺両説との相似について述べている箇所である。書紀「神代」の冒頭部が『淮南子』『三五暦記』の引用からなることを考えれば、書紀冒頭部と震旦の説とに近似を見る先の言の認識は転倒しているというほかない。しかしながらここで注目したいのは、そのような転倒に陥りながらも、親房が、三国の説は「各コトナリ」という立場を確立していることであり、書紀を中心とする「我朝」説を、震旦説における「天・地・人」三才の初めという把握、あるいは仏教説における「世界」の「建立」といった概念を通じて、世界性、全体性をもった叙述として理解しようとしていることである。

このように天竺・震旦の諸説にむけて「我朝」説をひらく営みの中で、「我朝」説の独自性と正統性とをあらためて把握することは、この書のもう一つの意義であり、親房の主眼であった。『正統記』冒頭の「大日本者神国也。天祖ハジメテ基ヲヒラキ、日神ナガク統ヲ伝給フ。我国ノミ此事アリ。異朝ニハ其タグヒナシ。此故ニ神国ト云也」（四一）というよく知られた言は、その端的な表現である。[24]

『正統記』のクニノトコタチの位置づけにも、その特質をみることができる。他国の説を示し検討した上で、親房が挙げる「我朝」の天地開闢説の冒頭部を引用する。

夫天地未ㇾ分ザリシ時、混沌トシテ、マロガレルコト鶏子ノ如シ。ク、モリテ牙フクメリキ。コレ陰陽ノ元初未分ノ一気也。其気始テワカレテキヨクアキラカナルハ、タナビキテ天ト成リ、ヲモクニゴレルハツヾキテ地トナル。其中ヨリ一物出タリ。カタチ葦牙ノ如シ。即化シテ神トナリヌ。国常立尊ト申。又ハ天ノ御中主ノ神トモ号シ奉ツル。此神ニ木・火・土・金・水ノ五行ノ徳マシマス。先水徳ノ神ニアラハレ給ヲ国狭槌尊ト云。次ニ火徳ノ神ヲ豊斟渟尊ト云。天ノ道ヒトリナス。ユヘニ純男ニテマス。次木徳ノ神ヲ泥土瓊尊・沙土瓊尊ト云。次金徳ノ神ヲ大戸之道尊・大苫辺尊ト云。次ニ土徳ノ神ヲ面足尊・惶根ノ尊ト云。天地ノ道相交テ、各陰陽ノカタチアリ。シカレドソノフルマイナシト云リ。此諸神実ニハ国常立ノ一神ニマシマスナルベシ。五行ノ徳各神トアラハレ給。是ヲ六代トモカゾフル也。二世三世ノ次第ヲ立ベキニアラザルニヤ。次ニ化生シ給ヘル神ヲ伊弉諾尊・伊弉冊尊ト申ス。是ハ正ク陰陽ノ二ニワカレテ造化ノ元トナリ給フ。上ノ五行ハヒトツヅツノ徳也。此五徳ヲアハセテ万物ヲ生ズルハジメトス。

　コ、ニ天祖国常立尊、伊弉諾・伊弉冊ノ二神ニ勅シテノ給ハク、「豊葦原ノ千五百秋ノ瑞穂ノ地アリ。汝往テシラスベシ。」トテ、即天瓊矛ヲサヅケ給。（四九—五〇）

クニノトコタチ出現までの叙述を、下敷きになっている書紀第一段本書冒頭部に照らしてみよう。『正統記』が依拠したと思しき箇所に傍線を引いた。

古天地未剖、陰陽不分、渾沌如鶏子、溟涬而含牙。及其清陽者、薄靡而為天、重濁者、淹滞而為地、精妙之合摶易、重濁之凝竭難。故天先成而地後定。然後、神聖生其中焉。故曰、開闢之初、洲壌浮漂、譬猶游魚之浮水上也。于時、天地之中生一物。状如葦牙。便化為神。号国常立尊。

明らかなように、書紀の中間の記述——天がまず成り、地が後に定まり、その中に神々が出現する展開が語られた上で、地がいまだ整わない状態に、最初の神が出現する時点があらためて示される——が、『正統記』では省略されている。したがって、元来の書紀叙述のように、地の整定が、後に出現するイザナキ・イザナミ（以下、キ・ミと略記する）の課題として持ち越されるといった事態にはならず、始原の一気から、陰陽論的な運動によって、天・地が同時に成り立ち、さらに神が出現するまで直線的に語られている。最初の神クニノトコタチ出現の時点で、基盤としての天地はすでに成っているということになる。

他方、クニノトコタチ以降に出現する五代の神々は、各々が「五行ノ徳」の具現であり、皆クニノトコタチに収斂する存在とされる。神々を通じて十全な徳が具わったところで、キ・ミが万物造化の元として出現することになるのである。五代の神々のこのような属性は、元来の書紀叙述にはない。書紀ではクニノトコタチ、またキ・ミをふくめて、「神世七代」と総称されたのみであった神々が、五代の神々を一つの全体として、またクニノトコタチ、五代の神々、キ・ミという三者間に有機的な関係をもつものとして叙述され、新たな意味を与えられているのである。

このような叙述の改変の中で、重要な結節点としてクニノトコタチが浮かび上がる。それは陰陽論的な気の運動によって天地が成立したその後に出現する存在であり、同時に、それ以降に出現する神々の基点となり、五行の徳の具現をささえる唯一の実在でもある。

ついで、この神が、「天祖」と冠せられて、キ・ミに地上への関与を命じるくだりは、これも書紀本書にない展開であるが[25]、クニノトコタチが「神代」の次の展開を主導するという、『正統記』「神代」の重点は明らかであろう。

以上の『正統記』の叙述を、クニノトコタチ解釈としてふりかえろう。

「天祖」とは、公望説の「天下始祖」を想起させる語であり、「天祖ハジメテ基ヲヒラキ」の言に象徴される『正統記』における「天祖」クニノトコタチの重要な役割は、公望がその名義から賦与していたものの物語化とも解しうる。ただし、「天祖」の「天」は「天上」であり、「天下始祖」の「天下」ではない。つまり、「天祖」の「祖」が、皇統につながく基をひらいた最初の神としての意義を示す一方、「天祖」の「天」は、天地の成立の後、その中に出現した最初の神であるというその出自を示す、言いかえれば、この神がこの後の展開に対して根本的な役割をはたしうるその根拠を示しているのである[26]。クニノトコタチ解釈でいえば、公望も兼文もともに、出現以後の展開のはじまりとしての意義をかんがみていたのに対して、ここでは天地生成の展開の帰着としての意義が、この神にみとめられていることが注目される。

親房が言及していた震旦説の「天・地・人」三才の成立、仏教説における「世界」「建立」は、そのいずれもが天地生成の意義にかかわることは言うまでもない。書紀「神代」を他の諸説の中で比較考察することによって、出現以前と以後とを結節するこの神の意義のあらたな認識が可能になったと考える。

以上、親房は、『正統記』において、クニノトコタチの「国」の意味を直接に説くことはなかったが、新たな「世界」観の下でのこの神の意義の変容を明確に打ち出したといえる。

六、良遍『日本書紀聞書』『神代巻私見聞』のクニノトコタチ

『神皇正統記』が明らかにした「世界」にひらかれた視座において、書紀注釈はいかに進展したか。寺院における書紀研究の成果の一つ、天台宗僧良遍による『日本書紀聞書』（応永二十六年〈一四一九〉成立。以下『聞書』と略記する）のクニノトコタチ解釈を検討しよう。[27]

この神が現れる書紀第一段本書についてみれば、『聞書』が天地の成立（「古天地未剖～故天先成而地後定」）までを「世界建立」とみなすこと（「世界建立之事」）、さらに「天地之中生一物。状如葦牙」に至る過程を、天、地、人三才の出現と解すること、いずれも『正統記』にみられた世界性、全体性において書紀を捉える姿勢が共有されている。ただし、その上で、仏教の世界生成説と書紀「神代」叙述との照合を試みていることは、『正統記』にはみられない『聞書』の際立った特質といえる。具体的にいおう。

「世界建立之事」において、まず『倶舎論』的な世界生成のはじまりの場面を説く。すなわち、成劫の始めに微細な風からはじまり、風輪が成り、次いで大雨となって、水輪、金輪が成り、さらなる大雨が金輪際上に水を充満させて梵天に達し、四方の分別がつかない状態が現出するとした上で、「是ヲ、古、天地未レ分レ、マロカレタル事、鳥ノ子ノ如シ、海月ナスタユタヒテ、等ト云也」（三四一）と、書紀冒頭部の世界のはじまりの記述を述べ加えて、両者の照応を示している。そして再び『倶舎論』によって風輪、水輪、金輪などのスケールを示した後、次のように語っている。

> 然ニ、彼、以レ清為レ天、以レ濁ヲ為ルレ地ト事、能々可レ案ス矣。倩、思ニヘハ彼ノ根源一ヲ、金輪已上、梵天以下ニ充満スル処ノ洪水（ミツ）ヲ、自ラ有ニ清濁二性一事、深意、有レ之。（同）

「彼、以清為天、以濁為地事」とは、書紀の天地分離の記述、「其清陽者、薄靡而為天、重濁者、淹滞而為地」を指す。良遍はこの書紀記述を十分に考える必要があるという。仏教説と書紀叙述とが照応するとすれば、仏教説にいう金輪際から梵天に至る間の洪水は、書紀の記述にあるように、次第に清濁に分かれ、天と地とが成り立つことになる。良遍はこの「清濁二性」に深意があるという。仏教説が提示する世界像に書紀の記述を重ねることによって、世界生成のありようをより精細にたしかめ、その意味について思考を深めていこうとするのである。多くの説の一つと断った上での解釈であるが、これは、「我朝」説を諸説と区別し並立する『正統記』とは異なった志向である。ここには、先の親房の言の前段、

「同世界ノ中ナレバ、天地開闢ノ初ハイヅクモカハルベキナラネドモ」という認識にこそ依拠して、仏教説に書紀説という二つの説で、「天地開闢」という一つの事態を解明しようとする態度がある。

右にみたように、それは、仏教的な世界生成過程に照らした書紀叙述の意義を考察することであり、書紀解釈において積極的な面をもつ。だが他方、あくまで仏教説を基盤として事態を捉えるために、先の例とは反対に、書紀叙述の構成要素の中には排除されるものもある。顕著かつ重大な例は、書紀叙述をささえる原理である陰陽論の閑却である（『聞書』において陰陽は「天神七代」の注釈で神々のありようとして把握されるにとどまる）。

このような書紀注釈において、クニノトコタチはどう解釈されているか。『聞書』は「国常立ノ尊之事」において、次のように述べる。

国ト者、三世。常ト者、常恒。立者、住也。尊ト者、浄妙法身ト云。是則、三世常住ノ浄妙法身ト云也。以レ之思レ之、此国ハ、三世本有之地ナレトモ、一心修行ノ為ニ、且ク建立ヲ成ル事、有ニ口伝一云云。（三四三）

「三世」とは仏教の法（真理）のありようを示す過去・現在・未来をさし、「法身」は、法の身体、真理真如そのものをさす。すなわち、「三世常住ノ浄妙法身」とは、過去現在未来すべてにわたって実在する、清らかな真理そのものをいうのである。

「国」解釈については、「三世常住」を「国」「常」「立」に強引に割り付けたような「国ト者、三世」とはわかりにくいが、つづいて示される通り、「三世本有之地」ととるべきだろう。「三世本有」とは「三世常住」とほぼ同意である。「三世本有之地ナレトモ」からの一文は、つねに存在するはずの地が、あらたに建立されるという矛盾について、「一心修行ノ為」という説明を与えていて、そこから推すと、「三世本有之地」とは、「世界建立」の「世界」そのものであろう。

同じ良遍による『神代巻私見聞』の「国常立ノ尊ノ事」には次のようにある。(28)

示云。国常立ト者密教ノ教主ヲ三世常住浄妙法身摩カヒルサナ如来ト云ニ得レ意合ル也、意ハ国常立ト者依報常住ノ義也、尊ト者摩訶ヒルサナ如来ト云事可レ思レ之、

「国常立ト者依報常住ノ義也」という解釈を、『聞書』の割り付けと照応させれば、「国」は「依報」を指す。「依報」とは正報たる衆生をささえる環境世界であり、国家的な領域で

はなく、ここでははっきりと「世界建立」の「世界」に対応する。兼良の「国」解釈とも領域において重なるだろう。

ただしこの神名が「三世常住浄妙法身」という存在に帰着する点では『聞書』も『私見聞』も同様であり、『私見聞』では、「密教ノ教主」「摩カヒルサナ如来」（摩訶毘盧遮那如来、大日如来）とも言い換えられている。してみれば、良遍の解釈においては、クニノトコタチを「三世常住浄妙法身」と認定することが重大であって、その名の「国」をどう解釈するかは、その認定から導出される二次的な問題であったとみるべきだろう。

この名とその意味との軽重の関係は、書紀文脈の理解にも表れている。

先にみた『聞書』「世界建立之事」の『倶舎論』的世界生成論に書紀叙述を照らしている箇所の末尾で、良遍は、『倶舎論』に依拠し、天地が定まった後での「人」の出現に言及している。書紀叙述との対応関係でいえば、「神聖」出現に対応し、クニノトコタチにも関わるところだが、「神聖」にもこの神にも言及はない。一方で、後出の「神聖生其中」の注釈では「国常立尊也」とし、「天神七代之事」の項は当然ながら「第一、国常立尊」からはじめている。また「天地之中生一物。状如葦牙天地之中」の注釈では、そのくだりを天地人三才の建立、と捉えてもいるのである。解釈において不明な点をのこすが、はっきりしているのは、良遍の解釈では、書紀の天地生成の記述に対応する『倶舎論』的な説明と、次の段階である「神聖」すなわちクニノトコタチ出現の仏教的説明とが同じ次元にないということだ。それは、クニノトコタチが「三世常住ノ浄妙法身」、あるいは「密教ノ教主」「摩カヒルサナ如来」と根本的な存在に解されていることと関連するのだろう。注釈において、書紀の文脈より、説明のための仏教説の論理が優位にあることが見てとれるのである。

以上、書紀「神代」のクニノトコタチについて、纂疏以前の解釈をみてきた。良遍『聞書』が成った年、一条兼良は十八歳、権大納言の地位にあり、前年、吉田兼富への書紀の返伝授をはたしていた。すでに書紀解釈の前線にいたということである。みてきたような先行する解釈に対して、兼良の解釈をいかに位置づけられるか、次節に検討したい。

七、「離陸」としての作品論的解釈

平安中期、矢田部公望が提示したクニノトコタチ解釈「常立之義者。天下始祖将伝子孫万代無窮歟」は、名の字義と書紀「神代」の文脈――この神の出現とそれ以降の天皇統治に至る展開――との双方をふまえるものであった。鎌倉期、卜部兼文が「国常立者。神孫長遠常可立栄天下之義也」と公望説を更新したのも、解釈の態度としては変わりなく、この神は天皇の物語の創始に直接には関与しないという書紀叙述上の事実の把握にもとづくものと見なしうる。

一条兼良のクニノトコタチ解釈「言天地常然之理、卓爾於前、流行日用之間也」もまた、逐語的な解釈と書紀の文脈理解とにもとづくその態度において、公望説、兼文説の延長上にある。解釈内容も、その名に、神の存在様態ではなく、物語世界における道理の表示を読みとった点で、卜部兼文と見方を共有する。

他方、兼文らと兼良との間には大きな画期が存在する。『正統記』が明示した「世界」認識の転換である。仏教説をはじめとする諸説の中に書紀「神代」をおき、「世界」の成り立ちの言説として読みとくこと。この転換が兼良にもたらしたものは決定的に大きい。すぐ後に述べるように、クニノトコタチ解釈における兼良による革新も、この転換による書紀「神代」の文脈理解の刷新によるものと考える[29]。

兼良はこの転換をどう自らの書紀解釈に組み込んだのか。端的に述べている箇所を掲げる。

> 吾邦開闢之事、幽明之迹、自古神聖相授、或託人宣言、而其所説、自莫不符合三教之理（九）

古来伝えられてきた、わが国における天地の開闢に関する記述――書紀「神代」に行き着いた叙述――は、儒教、道教、仏教の三教説とその理において符合するという。それによって書紀叙述の正当さは証されるというのがその主張の趣意である。書紀叙述を三教説とともにある言説として考察する態度、いわば書紀を「世界」にひらいた態度は、すでに転換後のものである。先にみたように、『正統記』の親房は、「同世界」認識の下、諸説を比較する構えはもっていたものの、実際には「各コトナリ」という認識を出ることはなかった。それに対して良遍は『聞書』において、天地生成をめぐる『倶舎論』の記述と書紀記述との照合を実際に行っていて、ここでの兼良の解釈態度に先行するといえよう。しかしその照合は、書紀叙述を仏教説に対する寄与によって価値づけるものであって、仏教的世界論にいわば内属させるものであった。兼良が追求したものは、そのような包含関係にない、仏教説をふくむ三教説との符合による書紀の確証にある。それはいかにして可能だったか。兼良の方法は、書紀叙述の文脈理解を徹底することであった。具体的には、第一に、仏典研究の科文形式を導入し、書紀「神代」の叙述を徹底して分節し分析すること、第二に、分析された展開について他教説との、理における「符合」を確認すること。

具体的に見よう。問題としてきた書紀第一段本書の分節を次に掲げる。上段に分節とその見出し、下段に該当する書紀叙述を示す。

第一明三才開始
　初明混沌　「古天地未剖、陰陽不分、渾沌如鶏子、溟涬而含牙」
　二明開闢
　　初明天地
　　（先顕上下之位）「及其清陽者、薄靡而為天、重濁者、淹滞而為地」
　　（次顕先後之時）「精妙之合摶易、重濁之凝竭難。故天先成而地後定」
　　二明人　「然後、神聖生其中焉」
第二明七代化生
　初重説開闢　「故曰、開闢之初、洲壌浮漂、譬猶游魚之浮水上也」
　二正明七代
　　初明三代
　　　釈正文
　　　　一惣標　「于時、天地之中生一物、状如葦牙、便化為神」
　　　　二列名　「号国常立尊、次国狭槌尊、次豊斟渟尊」
　　　　三結　「凡三神矣、乾道独化、所以、成此純男」
　　　釈或説（以下、略）

兼良は書紀第一段本書を前半部と後半部に二分している。この二分自体は平安期の講書でもなされていたことである。[30]異なるのは、そのことによって前半部を「神代」の展開全体から切り離すのではなく、むしろ全体の中に位置づけたことだ。叙述全体を章段に分ける中で、ここを「三才開始」として意義を明確にし、「神代」の最初の章段として組み込んでいる。章段内部も「混沌」から「開闢」へ、さらに「開闢」の中で「天地」の出現から「人」の出現へと叙述の展開を整然と示している。

後半部は「七代化生」とする。章段内の第一節「重説開闢」が大きな意義をもつ。ここは最初の章段「三才開始」で述べられた天地人の始まりを、いったん人の出現前の時点に戻して、推し広げて「重説」、語り直している箇所、とされる。この叙述理解によって、「三才開始」の「人」に当たる「神聖」と、後半部の「七代化生」の神とがはっきり重ねられる。結節をなすのは、「七代」最初の神たるクニノトコタチである。

この結節点としてのクニノトコタチを確認するならば、「三才開始」「七代化生」という二つの章段の確立は、『正統記』で示された「世界」認識の転換後の、あらたな書紀「神代」理解の具体化と見なしうる。

このあらたな文脈理解からかえりみるなら、公望や兼文のクニノトコタチ解釈は、もっぱら「七代化生」とそれ以降の神々の系譜のみに依拠していた点で、文脈把握が限定的であったことを指摘できよう。それに対し兼良のクニノトコタチ解釈は、「三才開始」「七代化生」の文脈双方を見るものであった。とりわけ兼文説とは、存在の表現ではなく道理の表示を読みとる態度を共有しながら、兼良は、兼文説のような天皇統治にかかわる意義をクニノトコタチの名にみとめていない。それは、そもそも兼文説が打ち出す「天下」がいまだたしかなものとしてない「三才開始」(傍点徳盛)の時点に、クニノトコタチは出現しているという文脈認識を兼良がもっていたからだ。兼良の特徴的な「国」解釈(「国、天地而言」)も、この神が「三才開始」の帰結を引き受け、次の展開をもたらす存在であることから引き出されたのだ。

良遍の書紀注釈との相違についてもたしかめよう。これは、纂疏の方法の第二段階、右に掲げたような分節された書紀「神代」と他教説との「符合」の確認がかかわっている。兼良は、書紀の天地生成の叙述、すなわち「三才開始」段にて、良遍と同様に『倶舎論』的世界形成論との「符合」の確認を試みている。先に見たように、良遍解釈では、『倶舎論』による「人」の説明と、「神聖」クニノトコタチの説明とは直接対応しえないものとしてあった。これに比べると、兼良が、「神聖」を「人中得道者之称」とし、クニノトコタチについては「国常立等則劫初之人也」として、いずれも「人」という解釈を導き出し両者を対応させていることは、顕著な特徴であろう。それは、『倶舎論』との照応を視野に入れながら、ここでも「三才開始」「七代化生」という書紀の文脈を重んじ、その理解に沿った解釈を行ったことの結果であった。

良遍の解釈するクニノトコタチは、根源的な存在であるがゆえに、書紀冒頭部の「三才開始」の文脈に定位するのが難しいところがある。『正統記』におけるクニノトコタチも根源的な存在として描かれていたが、それは文脈そのものの改変をともなっていた。彼らと同じ「世界」認識において書紀解釈を模索した兼良は、それに対して、第一段本書の文脈を、あるいは書紀「神代」という物語総体を重視したということだ。物語をささえる中心的な存在を解釈を通して創出するのではなく、物語そのものを中心にすえてその正当さの証明を追求したのであり、クニノトコタチはその中に定位されるべきものとして解釈されたのである。

以上、兼良の書紀解釈の試みは、先行の成果と視座を吸収しながら、現代からみれば作品論的といいうる方法によって、それらから「離陸」し、独自の解釈の地平をひらいたといえる。それは書紀理解における達成だが、見てきたように歴史的産物である。だからこそ、それ自体が来たるべき解釈的飛躍をささえる地盤となっていく。次代の吉田兼倶の書紀解釈が好例である。

のちに本居宣長は、第一段本書前半部について「これは漢籍の文を、そのまゝに引出て、首のかざりに加へられたる、撰者の新意のしわざなれば、たゞ序文として、さしおくべし」[31]（『神代紀髻華山蔭』）と評し、考察の対象からはっきり除外する。解釈による書紀固有の文脈のこうした改変こそが、宣長のクニノトコタチ解釈の転換と連動していたことを、いま兼良の態度と対比してみることができよう。

先にも述べたように、日本紀講書での矢田部公望の私見が、宣長の見解に通底する理由も、同じく書紀第一段同書前半部とクニノトコタチ解釈とを関係づけなかったことに求められるだろう。

ただし宣長の見解は、平安期の書紀解釈への回帰ではありえない。宣長は纂疏をふくむ中世的な解釈の定着後、それらに学び、自らの解釈を構築しているからだ。宣長は『古事記伝』で、書紀がクニノトコタチ以前の神々を「略」した理由を、「凡て何事も、此国土にして語り伝えたるものなれば、国を主として云る」ことに見、さらに次のように語っている。[32]

又天となる物は上り去りて、たゞ地となるべき物のみ、本のまゝにのこり留まりて、地と成れる、後より見れば、上り去ぬる物は客の如くにて、のこりとゞまれる物ぞ主の如くなれば、其初より専地の方に取リて、国と云むことさもあるべし

宣長は、書紀の陰陽論的な天地開闢の叙述に対置して、古事記のウマシアシカビヒコヂからクニノトコタチに至る神々の出現に、天と地の成り立ち、良遍のいう「世界建立」の過程の本来の表現を見ているのである。ここに中世の解釈の否定とともに、中世的課題への応答を見ることができる。

兼良の作品論的な解析の意義が、書紀解釈の流れの中でこそ明らかであるように、宣長の実証的な解釈もそうした歴史的な連関の中でこそその意義がつかめるのではないか。

時代区分をこえて通観しうる歴史を、書紀解釈の連関としてこのように提起して、むすびとする。

註

（1） 第三回「思想史の対話」研究会（二〇一七年八月三十一日、東京大学弥生キャンパスにて開催）の論議のなかでも提起されたことの一つであった。

（2） 「転生」とは、日本思想史学会シンポジウム「転生する

神話――「日本思想史」は描きうるか」二〇〇五年十月、東京大学教養学部にて開催）による。

（3）神野志隆光「神話の変奏と国号「日本」――テキストの運動のなかに転生する神話」（前掲シンポジウムでの報告）。

（4）「神話の思想史・覚書――「天皇神話」から「日本神話」へ」（『万葉集研究』第二十二集、塙書房、一九九八年）、『古事記と日本書紀――天皇神話の思想史』（講談社現代新書、一九九九年）、『変奏される日本書紀』（東京大学出版会、二〇〇九年）など。

（5）『日本書紀纂疏』の引用はすべて『天理図書館善本叢書日本書紀纂疏　日本書紀抄』（八木書店、一九七七年）による。カッコ内は同書の頁数を示す。なお『日本書紀纂疏』諸本には一条兼良自身と目される改変による二つの系統がある（神野志隆光「『日本書紀纂疏』の基礎的研究――諸本と兼良説の定位とをめぐって」、同『古代天皇神話論』ひつじ書房、一九九九年、初出一九九二年）。本論文は上記叢書掲載の清原宣賢書写本を用いるが、論述において系統の異同が問題となるところはない。

（6）「国」の語義について、纂疏がしばしば参照する韻書『古今韻会挙要』（吉森佳奈子「「日本紀」による注――『河海抄』と契沖・真淵」、『中古文学』第七十三号、二〇〇四年、参照）は、「説文、国、邦也。従口或声。徐曰、冂其疆境也。或亦域字。広韻、邦国。増韻、小曰邦、大曰国。又邦国通称也、（下略）」とする（市立米沢図書館蔵刊本、応永五年刊。同図書館デジタルライブラリーによる閲覧）。字の成り立ちからすれば、一定の領域を指す語であり、「邦」と対をなすように、領域としての国家を主として指し、外部をもたない天地全体を指すものではない。

（7）青木周平『古事記研究――歌と神話の文学的研究』（おうふう、一九九四年）所収の本論考（初出一九八五年）および「補説」は、クニノトコタチ解釈の変遷を概観し、つとに『日本書紀纂疏』の注釈の問題性を指摘していて、本稿執筆にあたり大きな示唆をえた。

（8）近世における本説の影響は、纂疏によるものと『神代巻口訣』によるものとがありうる。青木氏の挙げた例は纂疏の継承とみとめられるが、『神代巻口訣』の影響も考慮に入れるなら、「国、天地也。常立、自開闢至永永堅固不動之謂。尊、御事也」とする『神代巻塩土伝』、また「今按国天地之体、立天地之性、常與時訓通、歳月相移而古今不変、所謂與天壌無窮者」と述べる谷川士清『日本書紀通証』などが挙げられる。ただし『神代巻口訣』の一三六七年の成立は疑わしく、中世における本説の成立を、本稿では、十五世紀半ばに成った纂疏においてみる。

（9）『日本書紀　上』（坂本太郎ほか校注、日本古典文学大系、岩波書店、一九六七年）、『日本書紀①』（小島憲之ほか校注、新編日本古典文学全集、小学館、一九九四年）。

(10)『本居宣長全集』第六巻（筑摩書房、一九七〇年）五二〇頁。
(11) 飯田武郷『日本書紀通釈 第二』（内外書籍、一九三〇年）四九―五〇頁。注は省略した。
(12)『釈日本紀』（黒板勝美編『日本書紀私記 釈日本紀 日本逸史』新訂増補国史大系、吉川弘文館、一九三二年）七二―七三頁。
(13) 太田論文は『太田晶二郎著作集 第三冊』（吉川弘文館、一九九二年）所収。神野志論文は『変奏される日本書紀』（東京大学出版会、二〇〇九年）所収。
(14)『日本書紀私記』丁本では、「天下始祖将伝子孫万代無窮歟」に続けて、『釈日本紀』とは異なり、「先師之説如此」とあって、先の「今案」と齟齬する。ここでは「天下始祖……歟」という文意をふまえ、この一文で問答を区切る『釈日本紀』に従う。
(15) 書紀「神代」でクニノトコタチに次いで出現する「国狭槌尊」「豊斟渟尊」の名義について『釈日本紀』所引の私記では、前者が、天地が分かれて後いまだ日が浅いため「土地狭少」を意味し、後者は、地形がようやく広がりをもち、沼沢が出現しているさまをいうとする（註(12)前掲書七三頁）。すなわち、いずれも地土世界の充実として解釈されていて、公望によるクニノトコタチの定位と整合する。
(16) 西崎亨『本妙寺本日本紀竟宴和歌 本文・索引・研究』（翰林書房、一九九四年）所収の影印にもとづき、西崎氏による翻刻を参照した。濁点は私に付けた。
(17) 太田晶二郎「前田育徳会所蔵 釈日本紀 解説 附引書索引」（『太田晶二郎著作集 第五冊』吉川弘文館、一九九三年、初出一九七五年）参照。
(18) 名が神の主体とかかわらないという点では、つづく「国狭槌尊」「豊斟渟尊」の名義理解と軌を一にしたとみることができる。
(19) 奥村恒哉「古今集序に於ける「かみよ」と「ひとのよ」」（『古今集・後撰集の諸問題』風間書房、一九七一年、初出一九五九年）の説を、神野志隆光「『日本書紀私記（丁本）』の資料批判」（神野志註(13)前掲書所収、初出二〇〇一年）が再検証した。このことは『釈日本紀』の依拠するテキストが、承平度の講書の記録である「丁本」そのものではなく、その異本というべきものであると推察する一つの根拠となる。神野志論文参照。
(20) 岡田荘司「日本書紀神代巻抄 解題」（『兼倶本 宣賢本 日本書紀神代巻抄』続群書類従完成会、一九八四年）参照。岡田論文は、兼熙のほか、その子兼敦による経嗣への秘説伝授も推察している。
(21) 岡田註(20)前掲論文による。
(22) 吉田兼敦『日本紀神代巻秘抄』（自筆本、天理大学附属天理図書館蔵）十二丁オ。

(23)『神皇正統記』の引用はすべて『神皇正統記 増鏡』(岩佐正ほか校注、日本古典文学大系、一九六五年)による。括弧内は同書の頁数を示す。また神野志註(4)前掲書『古事記と日本書紀——天皇の思想史』第二章第二節参照。

(24)この言の中で、独自性をなす皇統について、「天祖」クニノトコタチ(引用箇所につづく記述が同定する)が基をひらき、アマテラスが永く伝えた、と、皇統の成り立ちがいわば二段階に捉えられ、最初の段階をつくったものとして、クニノトコタチが位置づけられていることも、注目される。二つの段階は「天神七代、地神五代」の区分の反映とみることもできるし、また、クニノトコタチに、皇統への、直接的ではない基礎的な寄与をみる兼文説とも通底する。

(25)書紀第四段第一の一書に近似する。ただし第一の一書では、主体は「天祖」ではなく「天神」であり、クニノトコタチと特定されているのでもない。

(26)書紀にはない、「天ノ御中主ノ神」を別名とする記述も、この神が「天下」に帰属するのではないことを示している。

(27)阿部泰郎「良遍『日本書紀』注釈の様相——学問の言談から〝物語〟としての〈日本紀〉へ」(『国語と国文学』一九九四年十一月号)。中世の寺院における書紀研究、さらに良遍の書紀研究全体の概観をふくむ。また『日本書紀聞書』(日本書紀第一聞書、第二聞書)は『磯馴帖 村雨編』(伊藤正義監修、和泉書院、二〇〇二年)所収の翻刻による。括弧内は同書の頁数を示す。

(28)『神道大系 天台神道(上)』(田村・末木校注、神道大系編纂会、一九九〇年)五六三頁。

(29)『釈日本紀』の問答(たとえば「述義一」の「大日孁尊」項)からは、兼文もすでに諸教説と書紀叙述とを比較する態度をもっていることがわかる。しかしその態度はなお全面化していない。

(30)前半部を「序文」とする認識が共有されていた(註(13)前掲書「述義一」の「然後神聖生其中」項〈七二頁〉など)。前半部を「経籍之中ヨリ新タニ撰出セシ所」とみなし、後半部以降と区分する見方もみられる(同書「秘訓一」の「洲壊浮漂譬猶游魚之浮水上也」項、二二一頁)。

(31)註(10)前掲書五一八頁。

(32)『本居宣長全集』第九巻(一九六八年)一三七——一三八頁。

(とくもり まこと・東京大学講師)

■時代区分と思想史（季刊日本思想史第八十三号）

一八〇〇年前後における救済論の質的転回
──三業惑乱、尾州五人男、如来教から──

石原　和

はじめに

近世後期、ことに一八〇〇年前後の約百年間には、はやり神の流行や仏教各宗における教学論争の活発化、民衆宗教の登場など、近世宗教史の中でも特筆すべき動向が相次いだ。本稿はこうした近世後期の宗教に現れる救済論の質的転回を明らかにすることを通して、近世近代移行期を再考していく視点を求めていこうとするものである。

この検討に際して、民衆宗教の登場と展開という問題を中心に据えることとしたい。それは、この民衆宗教研究という分野には発展段階論をもとにした従来的な宗教への眼差しが凝縮されていると考えるからである。例えば、近世・近代＝世俗化・合理化の時代という前提のもと、呪術性を克服し、信仰を個人化・内面化していった点や、合理的な教義を創造していった点が強調され、そこに近代の萌芽という民衆宗教の歴史的意義が読み出されてきた。民衆宗教は、こうした発展段階論的近代化（過程）というストーリーの中で、近代的性格を最もよく発現した宗派の一つとして位置づけられてきた[1]。こうした見方は、現在は前面にこそ出されなくなっているが、議論の枠組を支える前提としてはいまだ影響を持ち続けているといっても過言ではなかろう。

しかし、近年、戦後歴史学のグランドセオリーからの解放に伴って、これまで〝世俗化・合理化の時代〟とみなされてきた近世・近代という時代が、従来は克服されていく（べき）ものとされてきた〝宗教性〟という視点から顧みられるようになってきた[2]。また、「宗教」概念を歴史的に形成されたものとみなす研究の展開とその成果の定着に伴って、前近代の宗教が、狭義の意味での信仰・救済にとどまらない多領域的な宗教活動を繰り広げていたことにも目が向けられる必要が指摘されるようになってきている[3]。こうした宗教性や多領域的宗教活動に注目した諸成果によって、近世・近代の宗教像は大きく変わりつつある。このような研究状況を鑑みると、〝世俗化〟〝合理化〟を物差しとする近代化過程を前提としてきた近世近代移行期における宗教の展開という問題は改めて問い直されるべき課題となっているといえよう。にもかかわらず、民衆宗教研究はこうした成果を十分に汲み取れていない。民衆宗教がおこった近世社会の日常性や同時代の諸宗教の動向をほとんど考慮に入れてきておらず、「孤高」の存在となってしまっているというのが現状であろう[4]。

本稿では、こうした研究状況を念頭に置きつつ、分野開拓以来、宗教の近代化というナラティヴを前提として論じられてきた民衆宗教の思想的営為を、近世宗教の動向の中に位置づけながら論じていくことで、民衆宗教の登場・展開の基盤を明らかにし、それによって、近世近代移行期を再考し得る新たな視点を探究していく。

こうした検討の素材として、享和二年に元武家奉公人喜之が名古屋城下で開いた民衆宗教・如来教を取りあげる。本稿では、如来教教祖喜之（宝暦九―文政九年）とその信者たちが生きた時代の宗教動向を念頭におき、この時期を検討対象とし、一八〇〇年前後と呼ぶこととする。その際、次の二つの点に注目して論を進めていく。第一に、一八〇〇年前後の宗教動向。具体的には、近世真宗最大の異安心事件である三業惑乱を始点に置き、次いでその終結後に名古屋城下でおこった尾州五人男事件というこの時期の宗教動向を取り上げ、その延長線上に如来教の登場という「事件」を捉えていく。こうした構成ゆえ、如来教自体への言及が少なくなってしまうことを先に断っておきたい。第二に、これを分析する際、救済のありよう（＝質）に注目する。一口に救済といっても、教団・教祖から一方的に提示されるものではない。教団は信者がいなければ成立しない以上、救済の発信者（僧侶・教祖）と受容者（信者）それぞれの思惑や願いとのせめぎ合いの内に紡ぎ出されるものとみるべきであろう。本稿では、真宗の安心論争や如来教の説教の分析を通じて、教団・教祖に対して信者たちはどのような救済を要求したのか（＝救済課題）、それに対して教団はどのような応答をしたのか（＝救済論の提示）に注目することによって、同時代的な宗教基盤を明らかにしていく。こうした視点から、民衆宗教・如来教の歴史的位置づけを探っていくことを通して、近世近代移行期を再考する視点として一八〇〇年前後の救済パラダイムを析出してみたい。

一 三業惑乱が惹起した救済課題

1 近世真宗の安心をめぐる論争の推移

本節では如来教登場直前におこった近世後期最大の宗教動向ともいえる三業惑乱に注目して、一八〇〇年前後の救済課題を析出していく。まず、その前提として、近世真宗における安心をめぐる論争の展開を概観しておきたい。

近年、近世仏教の特徴として教学の振興とそれを背景とした教理や信仰(=安心)をめぐる論争の活発化が指摘されるようになってきている。近世になると、幕府は仏教に対する統制の一環として宗派を固定し教団化を促していくが、その施策のひとつとして宗派の学問を奨励していった。また、印刷文化が広がったことにより、テキストの改編や強引な解釈ができなくなり、合理的解釈が力を持つようになった。こうした背景のもと、文献主義的な教学研究が進展していった。教学研究の担い手となったのは、各宗の学林・学寮といった機関であった。真宗の場合、能化(西派)、講師(東派)を中心に据えて、宗派内のトップレベルの学僧らによって教学研究が進められた。また、学林・学寮は全国の末寺僧侶を集め、教育を一元的に担う機関としても機能した。こうして教学研究の成果は本山から末寺僧侶、信者へと広がっていった。こうした体系を背景として、学僧の教学研究の成果や末寺の説教僧の説教、信者たちの信仰が安心をめぐる論争を惹起することがよくみられるようになっていく。このような文献学的教学研究と論争を経ながら、各派の正統教学は次第に確立していくのだが、その過程でそこから外れた信仰、つまり異安心の疑いのあるものが摘発されることも少なくなかった。[5]

次頁の表は、近世真宗における安心に関する論争の登場件数を一〇年ごとに区切り、その推移を示したものである。[6] この表から、安心をめぐる論争が表中⑯に相当する宝暦元年を境に急増し、その後約百年間続いていくことが分かる。これがピークを迎えたのは、安永~文化期である。その中心となったのが、近世真宗最大の異安心事件と称される三業惑乱とそれに関わる一連の論争であった。この百年間を三業惑乱の展開で二分すると、宝暦元年から文化三年までが三業惑乱の展開そのものに相当し、それ以降は幕府裁定後にもかかわらず三業惑乱の影響が持続状態にあった時期に相当する(なお、この百年間は如来教祖喜之やその信者たちの人生とも重なる時期でもあり、特に後半期は如来教教団が活発に活動していた時期にあたることを付記しておく)。では、前半期から後半期への経過によ

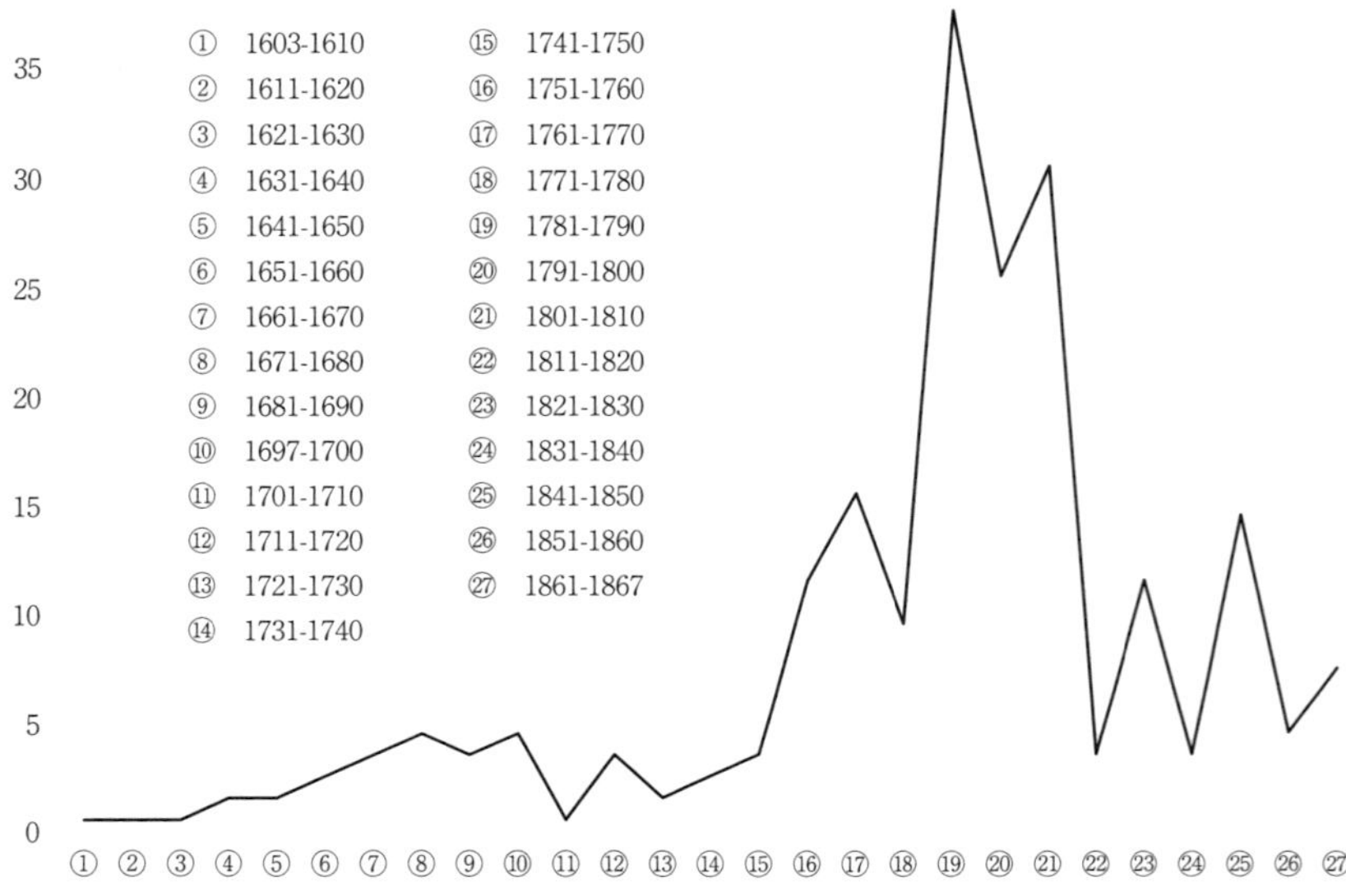

表　近世真宗における安心をめぐる論争件数の推移

って、救済という問題はどのように展開していくのだろうか。まずは、三業惑乱で何が問題とされたのかをみていこう。

2　三業惑乱概要

三業惑乱[7]の発端は、宝暦一二年、越前で流布していた無帰命の安心を否定するため、本山から遣わされた功存が福井御坊に僧俗を集めておこなった法譚であった。その内容は蓮如の御文章（御文）の「後生たすけたまへとたのむ」を文字通り、阿弥陀如来に向かって頼む他力信仰の姿と解釈し、その際には身には阿弥陀如来を礼拝し、口では助けたまえと称え、心では往生を願うという身口意の三業を揃えて頼まなければならないとする三業帰命説であった。この法譚の内容は邪義顕正に役立つと評価され、宝暦一四年に『願生帰命弁』として出版された。その功績が評価され、功存は明和六年に第六代能化に就任することとなる。

寛政九年に功存が没すると、その後を承けて智洞が能化に就き、三業帰命説を積極的に広めた。こうした動向に対し、かねてから三業帰命説の身口意のすべてをかけて「たのむ」行為は自力の信心を彷彿とさせるものではないかと疑義を持っていた学僧らによる能化・学林批判が全面的に展開していくようになった。以降、学僧間の教学論争が一般の門末僧侶・門徒を巻き込んだ騒動へと展開し、ついには門末・門徒層の暴動へと発展していく。享和元年には美濃大垣藩で反三業派門末僧侶・門徒と本山との攻防が拡大し、翌年には数千人規模の騒動がおこり、領主自らが鎮圧するという事態に至った。また、享和三年には京都でも全国の門末・門徒が浄教寺・西本願寺学林に押し寄せる暴動がおきている。こうした事態に対して、幕府は直接介入に踏み切っていく。

文化元年から反三業派の主張を汲みつつ関係者の尋問が進められ、文化三年七月に幕府裁定が下された。一一月には門主から三業帰命説を非とする裁断書が出され、他力の信心をもって教えを広めることが再確認され、三業惑乱は終結した。

しかし、全国各地で裁断書を持参した使僧の受入拒否が相次ぎ、信心の継続を訴えるものが続出するなど、その後も三業帰命説の影響は持続した。このことは、三業惑乱後の教学改革の重要な内憂要因となった。三業惑乱の影響は西派のみならず、他派の門末僧侶や門徒へも影響を及ぼした[8]。

教学上の争点は以下の通りである。真宗の教学展開において重要な意義を有していた御文章の「後生たすけたまへとたのむ」を、その言葉通り、衆生が自ら〝頼む〟と理解するか（三業派）、あるいはそれを自力の信心とみなし、「たすけたまう」ことを阿弥陀如来の本願と解釈し、その救済を〝頼みにする〟と理解するか（反三業派）が争われた。これは単なる教学論争の次元にとどまらず、安心を得る方法、つまりどのようにすれば救済を得られるかという信仰生活・実践に直結する問題でもあったから、門徒の信仰的混乱は深刻なものとなった。

3　三業帰命説の信仰態度

三業惑乱後においてもなお、三業帰命説を支持する者が多く存在していたことが、奈倉哲三や引野亨輔によって指摘されている。なぜ三業帰命説の信心はこれほどまでに支持されたのだろうか。奈倉は、その背景を当時の民衆の生活との関連から次のように説明している。民衆による新田開発、灌漑施設の改良による生産力の向上、一揆、村方騒動の成功といった歴史的状況を念頭において、「近世後期ともなれば、現実世界の諸問題に対し、おのれの側から主体的に働きかけることができる範囲、可変的であることの範囲は、一般民衆にとっても大きく広がって」おり、「こうした精神史の新しい流れをいっそう顕著に推し進め、自らの主張として念仏行のなかで展開しようとしたのが、ほかならぬ「三業固執の族」であった。欲生正因的発想を基盤にし、三業揃えて往生祈願をしなければならぬとする三業帰命説は、現実世界の諸問題に対する「我」（民衆）の側からの主体的働きかけの増大という近世後期の一般的趨勢が、浄土往生に対する積極的な行為となって、あらわれたものなのである。すなわち、弥陀の本願を信ずる立場の門末のなかにも、弥陀に対するおのれの信をどのような行為で積極的に示していくのか、いかなる行為が往生を可能にするのかを問題とする人々が増大してきたのである」。ゆえに「後生に対して関心を強く持つ者ほど、三業帰命説に傾斜しやすい状況(9)」にあったという。なるほど、身口意を揃えて救済を願うという点において自力の信心とみなされた三業帰命説は、実は、現実に対して主体的に働きかけ、変えていこうとする態度を有していた近世後期の人々の思想に適合する身体的行為を伴う積極的な方法による救済論として受け入れられたということになろうか。

4　門徒の混乱と新たな信仰課題
――「誠ニ後生之一大事を如何可仕哉途方ニ暮難渋至極仕」

では、三業派の門徒たちにとって三業惑乱への裁定はどのような意味があったのだろうか。以下の史料から探ってみよう。

乍憚書付を以奉願上候
一、去々年来ゟ於御本山表、御安心之儀不正之族異義申立諸国騒々敷相成、別而御相承之御安心区々ニ而当国御門徒一統惑乱仕候ニ付、私共銘々御願申上御上京被成下難有奉存候、然ル処去春者御安心一決相成候趣私共安堵仕候所、其後段々御寛ミ之被成方共ニ付、去秋ゟ之振合甚以不宜、別而当春御能化関東江御召出シ御座候処、御咎等被仰付于今御宥免不被成下趣、殊更御首尾茂不宜、段々御正化御安心退転同様之時節ニ罷成候由一統申歎候ニ付、誠ニ後生之一大事を如何可仕哉途方ニ暮難渋至極仕候、依之御当寺惣門徒共一同奉願上候趣意者、何卒御手次之御憐愍を以祖師以来中興上人ゟ御代々御相承之御安心、幷代々御能化御教化通り無恙御相続被成下、同行共人気相鎮リ候様、何れ之御方様江成共御願心之可相立所御勘考被成下候様奉願上候、右願之通在来之御安心早速明白ニ相成候様御執計被下度候、尤御大切之儀其儘ニ御捨置御座候ニおゐてハ、私共存寄相立可申儀ニ御座候間、乍憚此段前以御達シ申上置候、以上、

惣同行代　吉田村　忠左衛門（印）
（中略：他二名）
三国湊　塩屋　治兵衛（印）
（中略：他九名）

文化元子年八月
御寺様

（「宗意惑乱ニ付惣同行代共願書」。傍点は筆者）

この書簡は三業惑乱に幕府が介入し、関係者の取り調べをはじめた文化元年に越前坂井郡三国町吉田村及び三国湊の惣

同行代中から勝授寺に宛てられたものである。この書簡から門徒たちの認識をみてみると、近年本山において、安心について不正の輩が異義をとなえ諸国で騒動をおこしていると述べていることから、門徒たちもこの教学論争に端を発した騒動を認識していたことがわかる。この騒動に対してとりわけ「御相承之安心」、つまり先祖から受け継いできた信仰を続けてきた越後の門徒たちは困惑していた。そんな折、享和三年の幕府介入によって宗派の安心が決することとなり安堵していた。しかし、その後の展開は能化智洞が江戸に召し出され、咎められそうになっており、状況は良くない、としている。ここからこの書簡をしたためた門徒たちの立場が三業派に立つ人々であったことがわかる。このような展開は彼らにとって、「御安心退転」、つまり自分たちが信じてきた安心が逆転し、無意味となってしまうのと同様の意味を持つものであったから、後生の一大事を「如何可仕哉」、つまりどのようにするべきか途方に暮れ、難渋極まった様子であることを訴えている。ゆえに祖師親鸞・中興蓮如から受け継いだこの安心を続けさせて欲しいといった願いが綴られている。

一般門徒にとって三業惑乱とは、これまで続けてきた積極的な救済のあり方が否定されてしまう大事件であった。彼らはその存続を願ったが叶わず、むしろどのような方法で救済を求めればよいのかという問題――「誠ニ後生之一大事を如何可仕哉途方ニ暮難渋至極仕」――を抱えることとなった。これこそ、三業惑乱が惹起した新たな救済課題であった。

二　一八〇〇年前後の救済課題への応答(一)
――尾州五人男事件

1　尾州五人男事件概要

次に、三業惑乱後の展開の事例として、文化六年に名古屋城下でおこった五人男の異安心騒動をみていきたい[10]。五人男とは、了雅、玶海、霊瑞、任誓、秀山のことで、一八世紀後半の名古屋周辺で勢力を築いていた説教僧であった。

彼らの説教が問題視され、騒動となった発端は、彼らが自らの教化実践を念頭に、通常、輪番や列座、本山からの使僧が務めていた東本願寺名古屋別院（以下、東掛所）での説教を、「信心の何たるを知らず、ただ形式のみの法体募り」であると評したことであった。これが当事者の耳に入り、五人男は私欲から宗風に背いた法話をおこなう異解者として訴えられた。

同年一〇月に京都の本山で異安心調理の一過程である御聞調がおこなわれ、五人男は異安心ではないが、「異様成勧方」をしたとする裁定が下された。この判断には、三業惑乱直後であったことに加え、彼らが学寮上層部とつながる霊曜を師事していたため、彼らを異安心とすると学寮にもその影響が及ぶ恐れがあったことが関わっていたとされる。

しかし、この裁定に不満を持つものから、霊曜も含め異安心とすべきだとの異論が出された。そうした中で、御聞調に続く調理過程である御糺を名古屋東掛所でおこなうこととなっていたが、五人男を異安心としない裁定に不満を持つ列座たちが数百人の門徒を扇動して、御糺の執行を妨害したため、予定通りおこなうことができなかった。そのため、翌年一月に五人男を京都の本山に召喚して御糺が執行された。その結果、御聞調の際と同じく、五人男は異安心ではなく「異様成勧方」をしたと裁定が下され、それに基づき、五人男たちに回心状を提出させた。また、五人男と共に訴えられた霊曜についても「異様成勧方」を教えた証拠はないと裁定された。そして三月上旬には五人男と霊曜、さらに名古屋での騒動を先導した列座たちへそれぞれ御咎の下知が出された。

ここにおいて事件が収まるようにみえたが、この後、学寮内及び尾張門徒間の派閥争い発展し、また尾張藩政との矛盾からさらなる混乱を生じてしまう。その結果、文化九年五月に多くの関係僧侶の処分をもってようやく終結を迎えることなった。

2 五人男の説教とその時代性
——「何ガ御信心ヤラ御安心ヤラ存セス」

ことの発端こそ、五人男が有力僧侶らの悪評を吹聴したことであったが、御糺の中で、御糺役の義陶によって、「法談勧化等ニ異様ナ勧フリヲシテ国中ノ法義惑乱ニ及ブ趣キ御耳ニ達シテ、御法義ハ御大切ナコトユヘ其儘ニステオキ難ク、深重ノ御慈悲ヲ以テ銘々心得違アリテハ不便ナ、又多クノ御門徒カ若ヤキ、マドウテ、往生ノ一大事モイカヾアラント御不安慮ニ思召」（『尾州五人御糺』二三〇頁）と言及されているように、五人男の説教が一風変わったもので、東派本山から三業惑乱を想起させる重大な事態として認識されていたことが窺える。では、彼らの説教はどのようなものだったのか。

まずは、御聞調の直前に、支援者を通じて、役僧から問われても否認すべき内容を申し合わせた書状の写しが残されている(11)ので、これをもとに彼らが日常の説教で語っていたことを探ってみよう。

尾州五人男申上箇之留
（中略）
拙僧相心得候事
一　信スルモ頼ムモ間ニアハヌト云ヿ
一　念仏申ナカラオチルト云ヿ

一　機ヲセメテ法ヲアタヘヌト云ヿ
一　ウツクシクキイタモノヲソレハ間ニアハヌト云ヿ
一　其上ニ文目三文目トリテ其ヲチルモノヲソノナリノ御
　　助ケチヤトス、ムト云ヿ
一　其機ノナリノ御助ト云ヿハ千両ニモ万両ニモカワラヌ
　　アリカタヒヿチヤト云ヿ
一　御使僧御輪番ハ一往チヤト云ヿ
一　トウナリトモタノムト云ヿ
一　ソノナリノ御助チヤト云ヿ
一　後生ニタンノウシタト云ヿ
一　カナシ〳〵タノムト云ヿ
一　五文目安心三文目安心ト云ヿ
一　御文ハ時代ニアハヌト云ヿ
　　　右之通御尋御座候ヤト存奉リ五人トモ申合セ候　桶
　　　屋勘蔵ヨリモ申聞ケ候已上
正本寺
（『霊曜一件記 上』四十三丁ウ―四十七丁ウ）

この一三カ条が、五人男の一人である正本寺（＝秀山）が自らの説教で語ったうち、御聞調で否認することを申し合わせていた内容である。ここでは省略したが、他の四人も同時に同様の内容の否認を申し合わせていた。このような内容を含んだ彼らの説教はどのような点が問題視されたのだろうか。

義陶が問題の要点をまとめた発言があるので引用しておこう。

御調へ御糺ノ節、イロ〳〵サマ〳〵ナコトカ出タレトモ、ソレヲ結帰シテキリ短カニイヘハ、大科カ四段（ママ）ニ分カル、其大科ノ四段トイフハ「一ニハ信シテモモ（ママ）助ラヌ、又タノンデモ助ラヌトト（ママ）強ク機ヲ払フコト、「二ツニハ一念帰命ノ信心ヲヱネバ、念仏申シ〳〵地ゴクニ落ルトイフコト、「三ニハ総ジテアラユル余人ノ教化ヲ法体募リト破ルコト、「四ニハ此機ノナリノ御助ニタンノウスルトハカリ勧メルコト、色々ノ事ナレトモ、大科ノコノ四科ニオサマルヨリシテ、右ノ四段ヲ一々分テ席ヲ重テ御教誡アラセラル、也
（『尾州五人御糺』二三二頁。括弧はママ）

問題視されたのは次の四点であった。第一に、信じても助からない、阿弥陀仏に頼んでも助からないと強く主張したこと、第二に、一念帰命の信心を得なければ、念仏を唱えても地獄に落ちると説いたこと、第三に、他の僧侶の教化を「法体募リ」つまり、説教の形式をとっているだけものと批判したこと、第四に、その機なりのお助け、いいかえれば、「信セラレヌハ信セラレヌナリノ御助ケ、タノマレズバタノマレヌナリノ御助ケ」（『尾州五人御糺』二二一頁）と、救済を願う人の「信ズル」「タノム」程度に合わせた救済を説いたこと

があげられている。まとめると、第一、第二、第四の点では主張した救いのあり方が問題とされ、第三の点では本山の救済論を批判したことが問題とされているということができよう。

彼らの説教は本山から咎められることになったが、その一方で多くの人に受け入れられていたことも注目すべきであろう。つまり、視点を変えれば、彼らの説教は当時の時代性を反映したものであった、門徒たちの需要に合わせた教義展開であったとも評価できるのではないか。例えば、霊瑞が語ったことによれば、寛政末年から享和初年頃を指して、名古屋の村方においても「法義カヤカマシキ」状況（=三業惑乱）となり、さまざまな法義が入り組み、「何ガ御信心ヤラ御安心ヤラ存セス」という状況になった。そのため、村の同行中から、大切な安心のために京都の学寮で学んでくるよう要請を受けて京都に上ったという（『尾州五僧安心御聞調二』十二丁ウ―十二丁オ）。また、秀山は疑義を呈された説教について、「三業ヤ意業募ヲ破スヿハアレトモ、終ニ信シテモ助ヌト云ヿハ申マセヌ」（『尾州五僧安心御聞調二』六丁オ）、また、念仏をしても、頼んでも、信じても助からないと説いたのは「自力ヲ誡メルバカリ」（『尾州五僧安心御聞調二』八丁ウ）と述べている。坦海も「左様申シタハ申シマシタガ、……タ、理屈ナシニハ申シマセヌ。三業・意業ヲ破シテ、『ソノタノミブリデハ自力デ助カラヌ、ソノ信シブリデハハカラヒデ助カラヌ』ト破斥ノ為ニ其詞ハヲツカヒマシタ」（『尾州五僧安心御糺六』十五丁ウ―十六丁オ）と、自力的な態度を改めさせるための言であったと弁明している。

五人男の答弁は潤色の全くないものとみなすことはできない。だが、時代状況を鑑みれば、五人男の活動・教説は、三業惑乱（後）の教義的混乱の中で、他力本願を旨とする真宗において共に自力的救済説とみなされた二つの信心――助けたまえと心に思うことによって救済を願う意業募り、身口意の一致によって救済を願う三業募り――の打破とそれに代わる正しい信心・安心の希求という救済課題に応答するものとして登場・展開した救済論として位置づけることができよう。

3　五人男の救済論――「信心ヲ決定」

では、彼らの救済論はいかなるものだったのだろうか。まずは秀山と義陶の問答からみてみよう。

嗣講云「其タノムト云ハ意業ニアルカ、口業ニ云フカ。」
　正本寺云「意業ト存シマス。」
嗣講云「口ニタノムト云ヿハナヒカ。」
　正本寺云「口ニタノムト云フヿハナヒト存シマスル。」
嗣講云「称ルモノヲ助ルトアル本願ノイハレヲ聞テ、信スル一念ニ往生ハ定ルカ、定ラヌカ。」
正本寺云「定ルト存マスル。」
嗣講云「称フルモノヲ御助ト聞タコヽロハ称ル機ニナルカ、ナラヌカ。」
正本寺云「念仏ヲ相続イタシマス。」
嗣講云「夫レハ勿論ノヿ。信ノ上ニ仏恩ノ称名、相続スベキ筈ヂヤガ、一念ノトキコヽロニ称ル機ニナルカナラヌカトテ云ヿ。」
正本寺云「称ルモノヲ御助ケト信スル心ロ(ママ)、スナハチ称ルコヽロト存シマスル。口チニ称ヘテカラ落付クニ非ス。信シタトコロデ念仏申サフト云ヨリ外ハナキト存スル。」(『尾州五僧安心御聞調二』三十四丁オ—三十五丁オ)

この問答は、秀山が口にした「タノム」の言葉の解釈をめぐって交わされている。まず義陶は、秀山のいう「タノム」とは意業、つまり心で頼むものなのか、あるいは口業、つまり口で頼むものなのかと、頼む方法について問うている。これに対して秀山は、心に頼むのだと答える。さらに踏み込んで義陶は阿弥陀仏の本願を信じることで後世の往生が定まるのか否かを問うた。この問いでは、三業惑乱で問題となった、阿弥陀如来の〝南無阿弥陀仏と称えるものを助ける〟という本願をその言葉の通りに受け取り、自ら実践するという三業帰命説的理解をもっているか、あるいはこれを如来の願いとして受け取り、如来による救済を信じるかという反三業帰命説的理解をもっているかが問われているのだろう。これに対して、秀山は阿弥陀如来の本願を信じる一念によって往生は定まるという後者の立場を取る。この立場を取ったのは、三業惑乱後の世において、三業帰命説を批判する立場を取っているため、〝正しい〟答えを述べたといえる。だが、秀山はそうした立場から更に進んで、南無阿弥陀仏と口で称えたからといってその阿弥陀仏の本願を信じる一念が定まるのではない、むしろ信じる心こそが重要なのだと続けたため、回心を迫られることになったのであった。

次に霊瑞と御聞調に臨席した輪番実相坊、使僧大念寺の問答をみてみよう。

霊瑞云「私ハ念仏ニモ自力他力ガアルデ篤ト勘考スルガ好ヒト申シマシタ計リ。」
輪番云「念仏ニ自力他力ハイカヽ心得テ居ルゾ。」
霊瑞云「自力他力ト申スハ一念帰命ノ信心ヲ決定スレバ他力ノ念仏ヲ相続スルト存シマス。」
御使僧云「イカヽ思テ称レバ自力チヤゾ。」
霊瑞云「信心ナリ称フルガ自力ト存シマス。」

輪番云「念仏申シ〳〵地獄ト云フ人ガアルト云ヘバ、忽チ霊瑞ガ引トリテ答ヘタデナヒカ。」

霊瑞云「『念仏申シテ極楽ヘ参ラレヌカ』ト云フニ答タノデ御坐リマス。他力ト云ハ、名号ノイハレヲ聞テ信心決定シテ称ルガ他力ノ念仏ト存マス。」

嗣講云「モノヲ云ヒ紛ラカスハ、口中也。雌雄ト古人ノ詞ニモアリテ、自力他力ノ念仏ヲ問カ、先ツ『念仏申シ〳〵地獄ニ墜ル』ト云フニ付テ、『念仏ニ自力他力アル』ト其方ハイフ也。『極楽ニ行ク念仏ト地獄ニ行ク念仏トカアル』ト聞ユルカト云ノ問也。」

霊瑞云「自力ト云ハ、信心決定セヌ人ノ事ト申スヿデ御坐ル。」（『尾州五僧安心御聞調一』四十丁ウ―四十一丁オ）

ここでは、霊瑞の「念仏ニモ自力他力ガアル」という発言をめぐって問答が展開している。彼の語るところによれば、「南無阿弥陀仏」という名号のいわれ、つまり、〝南無阿弥陀仏と称えるものを助ける〟ことが阿弥陀仏の本願であるということを理解し、一念帰命の信心を決定しておこなうのが他力の念仏であり、このいわれを理解しないまま、その時々の信心に応じて称えるのが自力の念仏だという。つまり、霊瑞が救われる他力の念仏と救われない自力の念仏を区別するのに重視しているのは、信心の定置という問題であったことがわかる。このような救済論をもとに、霊瑞は「何テモ御当流ハ信心為本故ニ信心ヲ得レバ念仏ハ称ヘデモヨイ」（『尾州五僧安心御聞調一』四十三丁オ）という立場を取っている。これを主張する際には「念仏申シ乍ラ地獄ト云フ証文ニ御正忌ノ御文ノ『口ニタ、称名斗リヲ称ヘタラバノ文トコノ心ヲ獲得セズバ、極楽ニハ往生セスシテ無間地獄ニ堕在スベキモノ也』ノ御文ノ御言ハト、扨『タ、トナヘテタスカラサル也』ノ御言トヲ出シテ、其事ヲ申スノチヤ」（『尾州五僧安心御聞調一』四十二丁ウ）と役僧に咎められているように、たびたび御文の言葉を持ち出していたようで、このことも騒動を大きくした原因となった。

以上のように、秀山、霊瑞を始めとする五人男は、三業惑乱後に東派にも波及した教学的混乱状況において、真宗の救済の中枢に位置する念仏よりも、それをおこなう際の根本となる、信心の定置が重要だと説き、それを強く主張するあまり、定置されていない心での念仏では地獄に堕ちる、心の程度に合わせた救済しか得られないなどと語り、本山・御坊での説教を批判するに至り、糺される身となってしまったのであった。

五人男の登場は次のように位置づけられよう。三業惑乱を発端とするつとめの方法の模索状況への応答が救済課題となっていた時期にあって、三業帰命説の否定と〝正しい〟信心の提示を期待された五人男は、自らの信者と対峙する中で、身口意の全身全霊をかけて救済を頼むという点において自力的傾向を帯びているとされた三業帰命説を否定しつつも、かといって念仏によって頼むのではないという立場において正統教学から「異様」とみなされた、心の定置を救済の最重要条件とする〝新たな〟救済論を提示することになってしまったのであった。

三　一八〇〇年前後の救済課題への応答㈡
――如来教

1　如来教救済論の時代性――「願ふにも様子様躰が有」

五人男の説教は、三業惑乱後の救済論的混乱の中で心の定置を説くことで一八〇〇年前後の救済課題に対して一つの解答を示したが、最終的には本山の教学的統制のもとで夭折してしまうこととなった。では、このような新たな救済の可能性は潰えてしまったのだろうか。このような視点から、五人男事件と同時期の名古屋に登場した民衆宗教・如来教に注目してみたい。

如来教は、五人男が訴えられる七年前の享和二年に元武家奉公人の喜之を教祖として開教し、名古屋城下とその近郊の住民を中心に教線を拡大していた。宗派こそ違えど、ここで提示された救済論もまた、つとめの方法の模索という救済課題に応答したものとみるべきであろう。教祖の説教録『お経様』をみてみると、如来教もまた禅宗の修行を実践するなどして「自力の修行いたせし面々」(『お経様』M一六八他)を多数抱えていたこと、彼らと幾度となく対峙しながら、教義を展開させていたことが窺える。自らの救済に積極的に向かっていこうとする彼らに対し、喜之は次のように語っている。

夫、願ふにも様子様躰が有ものでござる。其様子様躰等も知らず、「我口に任せて願さへすれば、お聞届の有もの」と相心得られるといふと、そこらも又少々の間違等がござるぞや。間違等がござるに依て、もの、間違と言は、我たつた心一つの事でござる。心一つの満足を召れて、其満足の心を以願ひ奉る時は、どのやうな事でも、直様そこで、即座にお聞届けの有ものに相違はござらぬ。
(『お経様』M二〇四)

ここでは、願うにも「様子様躰」がある、それは「たつた心一つの事」なのだと語られている。この「願ふにも様子様躰が有」という言葉は、先にみた身口意の実践を重視した三業帰命説の流行の中で頂点を迎え、またその後のそれの否定の過程で、立ち上がってきた救済を求める際のつとめの方法の模索という時代的課題が、喜之の口から語りだされたものとみることができよう。

2　如来教の救済論――「たつた心一つ」

では、つとめの方法の模索という救済課題を抱えた名古屋城下の多くの人を惹きつけた、その「たつた心一つ」の救済論とはどのようなものであったのだろうか。

成程、お釈迦様結構なもの、お称名さまも結構なものなれども、其結構なお経様やお称名を何程唱へて、如来様へおさし上申ても、如来様はお請被成はせぬぞや。「此お経は此方では間に合ぬお経でやに、脇へほかつてしまへ。此お称名は益に立ぬに、脇へほかいてしまへ」と仰せられる。此如来様の御手前では、「此お称名は、此方ではいらぬお称名でやに、取てほかいてしまへ。此お経は益に立ぬに、ほかいてしまへ」と仰られるぞや。すれば夫、お主達の其心で灯明や膳分(部)をお備(供)へ申されても、如来様は、夫をかはせ(為替)にお取被成はせぬぞや。

夫、其結構なお経さまはお経さま、お称名様はお称名さまで建て置て、其肝心の心持を、少々成とも直いてお差上申されると、如来様は、「ア、、結構なお経を備(供)て呉たはへ。ア、、結構なお称名を与て呉たはへ」と仰せられて、お取扱ひを被成るぞやう。(『お経様』M六〇)

すれば夫、お主達が今、善の心を貯ず、唯口に称名斗を唱たら極楽様に参るべきやうにおもふて唱る念仏等は、「間に合ぬぞやう」と、斯仰られた事でござるぞや。

御太切な、如来より「是に縋れ」とて我(汝)々へ心を分下された其称名と相知らず、我口から出べきやう存てもふす念仏等では、今度の世は、八万地獄のどん底へまつさかさまに落ねばならぬぞや。夫、如来の肉を分てお出し下されたものに、其結構な物とも存よりもなく、我口より出す称名なれば、地獄の種を沢山に作るべきより外の事はなき事と思召、夫故以悪口なども仰た事でござる。ござれ共、如来は皆、念仏でや有ふが題目でや有ふが、我(汝)への戴き物なれば、其心なくて称名でも何でも唱られると、其称名に寄ては、地獄のどん底の真中へ往ねばならぬに依て、夫称名には、お主達に譬ていふなれば、薬とやらを盛やうな物で、そこに合せ物なくて称名を唱られても、地獄のどん底へ往より外にはござらぬぞや。(『お経様』M一三八)

前者の説教において、喜之は、称名は結構なものであるが、お主達のような心では、どれだけ称えても如来は受け取ってくれない。称名を称えるくらいでは間に合わない。称名は役に立たないから、捨ててしまえ。称名はあくまでも称名として理解しておいて、称名をとなえる際の肝心の心持を少しでも直し、それを如来へ供えなさいと説いている。つまり、称名（念仏）を不要とし、代わりに心持を直せというのである。後者の史料でも同様に善の心を貯えず、ただ口で称名さえ称えておけば助かると思いながら称える称名では間に合わないし、地獄に落ちることになる。念仏・題目が如来からのいただきものであるということを理解せず、善の心を貯えず、口から出るにまかせて称えるような称名では地獄に堕ちることになると説いている。

では、この〝称名不要〟〝称名を唱えても地獄へ堕ちる〟という語りの中で、称名と心の関係はどのようなものとして語られているか、もう少し具体的にみてみたい。

此度といふ此度、称名を唱でも、経文を唱でも、我胎内より善の貯さへあれば、今度、如来へ参つた時は、其善心を如来の前へ手形証文共おなし下されるやうな道理も有やうな故もつて、念仏譬（仮令）もうさでも、何をもうさでも、我腹よりも善の貯さへ出来たなら、夫を証拠と遊して、如来様にはお待請被成る事でござる程に、「兎角何にても、悪心を止やう。善を貯やう」と、此方がいふべき事は、念仏でもお題目様でも、皆夫、善は合せ物でござるぞや、其合せ物もなくて、唯「口に称名さへもつて唱れば、今度、夫極楽様はあぶない事はあらまい」とおもつて、称名斗となへをられると、今度は大きに間違だらけが出来る故もつて、段々に、お主達へ此小割を話置事でござるてなふ。（『お経様』M一―三八）

称名を称えなくても、腹に「善の貯え」「善心」があれば手形証文となる、「悪心」さえやめれば、如来は待ち受けてくれるだろうという。ここでは、明らかに心の問題を中心に据えており、称名を称えるという行為は副次的なものとして位置づけられている。さらに、次のようにもいう。

兎角、お経様は結構な物なれ共、其経文をいか程読れても、我心に悪心を持て読れては、其経がもだ（無駄）事と成升ぞや。夫「経さへ読ば我は能事」とおもはれふが、お経と我心と合躰といふをいたさねば、皆もだ（無駄）事に成升ぞや。お経読れる心なれば、今お主達に話にした通り、夫お経の合せものといふ其心を、我胎内より承知召れゝば、其太切なお経読にも及ぬ事でござる。

全躰、経文といふものは、我心に悪心有故に、経文を以我悪心をけさうと思はれふが、中々さう言道理には参らぬ物でござる。夫悪心をもつて経を読れゝば、其因縁をもつて、其経文が地獄の中へ参つて、其経が角と成て、我体をづぶ〳〵と突に相違のない事でござるぞや。夫みつされ、「結構なお経様〳〵」といはれるが、あまたの人が皆其通りでござる。いか程な経文を唱られても、善心の貯を召れずと、唯悪心をもつて、「此経文で其悪心をけさう」なぞと思はれては、大きな間違等と成升程に、爰等を能承知を召れ。夫善さへ貯を召れゝば、今度にあぶない事はない程に、能承知を召れて置しやれや。（『お経様』M二二三）

経文と自分の心を合体させねばならない、つまり、結構な経文に相応しい結構な心とならねばならない、悪心があれば、経文を称えても無駄であるばかりか、かえって、地獄へ向かうことになってしまうだろうという。こうした考え方から後世の往き場について説くとき、次のような語りにいきつく。

「我(汝)、銘々、心丈〳〵の所に往るぞやう。能事を尽たら、其能事を尽た丈の所に往る。悪い事を尽せば、其あしい丈の所に往るぞやう」と、斯先達てお主達へ話にして置た事でござるぞや。（『お経様』M一三九）

そんなら夫、お主達でも、我一心をもたねば、今度いくら程能所が有て、如来様のお引請に預(与)るには相違はなけらね共、我心丈〳〵の所へ外参りにくうござる。夫我心丈の所へ外参りにくいに依て、どふぞ是此世界凌ぐ中に、如来の身真似をしよやう。如来の身真似と言ては、お主達は成がたない物なれ共、其如来の身真似を一つさへすれば、其跡(後)は又、如来がおふやしなされて、「如来同躰共してとらせふにやう」と、是如来から仰出されるゆへもつて、是お主達に、くどき事ながらも追々に相聞せ置のでござるぞや。（『お経様』M二二四）

前者の説教では良いこと尽くせば良いところ、悪いこと尽くせば悪いところへいくとし、後者の説教でも心のありように応じたところ以外へはいきにくいというのである。つまり、「我一心」という心を持たねば、心の程度に合わせた後世にしかいけないというのである。

では、この持たねばならない「我一心」とはどのような心のことをいうのか。

夫、一心といふは、何を以一心といふや。我一心といふは、如来の魂を以、我一心の信と定めた物でやぞや。そんなら、夫みつされ。「我一心を懸て頼んだ如来の其功徳といふ物は、大きなものでや有ふがなふ」と、斯言て聞せるのでござる。そんなら夫、とかく「我体か、人の体か」といふやうな心を以、如来へ向つて頼まれるといふと、如来様から、

「是一心でやぞやう〳〵」と、是斯三たびお誉が有やうな物でござる。(『お経様』M九四)

夫其たもつ我一心無ては、今度の結構な所も又間違ふやうな事も、又出来まい物でもござらぬぞや。夫我一心さへ定てをられゝば、是娑婆等は申に及ず、今度結構な所も、如来よりもお建置れた是栖の所なれば、是とても、よもやお捨置れもいたしもいたすまい程に、爰を能承知をいたされて、能考合して置しやれや。(『お経様』M一〇二)

「我一心」とは如来の魂をもって信と定めたものだ、そして、この一心さえ定まっていれば、この現世においても、来世においても如来に捨て置かれることはないのだという。とすれば、如来によって与えられる、変化することのないただ一つの心の意味として受け取ってよいように思われる。つまり、一心の定めを得ることによって、人は如来の救済に与ることができると説いているのである。

3 五人男の救済論と如来教の救済論

以上でみてきた如来教の救済論は、五人男のそれを彷彿させるものであろう。つまり、五人男の説教では阿弥陀仏の本願を信じる心を決定するという文脈で念仏のいわれを知らなければならないと主張されていた点が、如来教では念仏を広めた祖師たちが難渋したこと、あるいは念仏が如来からのいただきものであることを理解しなければならないと主張されている点に異同はあるものの、念仏を称えるかどうかよりも、その時の心が定まっているかどうか、つまり心の定置という問題が救済のための重要な命題として共有されていることがわかる。さらにその際に、「信セラレヌハ信セラレヌナリノ御助ケ、タノマレズバタノマレヌナリノ御助ケ」という心の程度に合わせた救済の説き方や、そうした考え方をもとに〝信じても助からない〟〝念仏を唱えても地獄に堕ちる〟〝念仏を称えなくても良い〟と信者に語っていた語り口まで共有されているのである。一八〇〇年前後の救済課題に対して、心という着眼点から応答するというその仕方は、決して五人男や如来教それぞれに特殊なものでなく、同時代的に求められ、共有されていたものということができよう。

だが、こうした救済論は本山の教学的統制下では五人男のように頓挫せざるを得なかった。その一方で、本山を持たず教学的統制の外にあった如来教においては、五人男事件が終結した一三年後の文政七年に至っても、「念仏を申せば助るべきやうに存じ、別て浄土宗は念仏数多く申事さうにござるが、口に念仏斗り申しても、腹に善の貯無ては、助る事は扨をき、地獄のどん底でや」(『文政年中おはなし』C二七)と心の状態を重視する救済論を依然として説き続けることができていた。その後の展開においても「心前」「心持」を繰り返し強調しながら、「善心」獲得を説く救済論を成熟させていく。こうした意味で、如来教の登場と展開は、五人男事件で潰えたかにみえた救済の可能性を維持し、拓いていく役割を果たした動向であったと位置づけることができよう。

おわりに――救済論の質的展開にみる近世近代移行期

本稿は、一八〇〇年前後の宗教動向に現れる救済論の質的転回を明らかにし、それに近世近代移行期を再考していく視点を求めていこうとするものであった。そのための検討として、民衆宗教の登場という「事件」を当時の宗教基盤の上に位置づけていこうとした。本稿で明らかにしたのは次のような一八〇〇年前後の宗教の展開であった。

一八世紀後半になると当時を生きる人々の主体的な生活態度を反映した行の実践によって積極的に自らの救済に向かっていく三業帰命説が登場し、一時は正統教学の位置に置かれ、広く受け入れられていくが、三業惑乱を経て、身体実践を伴う積極的な救済論のバブルは突然に弾けてしまう。この一連の教学的混乱の結果、信仰者の中で救済の正統性も揺らぎ、それへの〝正しい〟つとめの方法が模索されるようになり、それへの応答が課題となった。こうした時代背景のもとで、尾州五人男は、心の定置を中核に据えた救済論を提示し、この課題に応答した。しかし、彼らが自らの信者と日々対峙していく中で辿り着いたこの救済論は本山の教学的統制のもとでは夭折させられてしまう運命にあった。だが、心の定置による救済論は真宗のもとでのみ発現するものでも、近世の宗教統制のもとで簡単に途絶えてしまうものではなかった。同じ頃、民衆宗教・如来教でもこの救済課題に応答し、心の定置を中核に据えた救済論を説いており、多くの人々の信仰を集めるようになっていた。さらにその後も、心を中心に据えた救済論を成熟させていったのであった。

以上の展開を救済論の時代性といった点から振り返るならば、五人男と如来教の救済論がかなり似通っていたものになっていたことは注目すべき点である。すなわち、これは同じ救済課題が、同じ空間、時代に存在していた別の宗教に共有され、その課題に対して類似した救済論が提示されていたことを意味する。こうした特徴は、この二つの救済論にのみ共有されたものなのだろうか。これは、宗教における近世近代移行期を捉えていくための重要な視点となるのではないか。以下では、このような視点から近世近代移行期の宗教動向を捉え得る見取図を示してみたい。

一八〇〇年前後という時代は近世の内でも、最も宗教が大きく動いた時期であった。この時代の宗教の動きをいくつか挙げてみよう。例えば、三業惑乱と重なる時期には、先述の通り、真宗では安心をめぐる論争が頻発しており、安永三年、名古屋でおこった「新敷宗意」の騒動のように他宗派の信仰実践を積極的に取り入れようとした事例もあった。他にも、他派では真言僧慈雲による十善戒運動の中で身口意に関わる戒律が民衆に説かれるようになったり、献銭・献米による守札の授受を伴うはやり神の信仰や身体的実践を伴う作善実践による救済が隆盛を迎えたりしていた[12]。三業惑乱終結以降には、真宗の中から「ただ信心一つ」の側面に立脚し帰命を重視しない妙好人の信仰が出た他、「何事も心一つ」と説く黒住教、「おかげは和賀心にあり」と説く金光教、「心直し」を説く天理教、「心よごれて地こくのたね」「こゝろ清浄けっぱく」と説く不二道などがおこっていく。まさに本稿でみてきた三業惑乱から如来教の登場と展開という過程とパラレルな動向をみることができるのである。

　これらの動向を総体的に捉えるならば、次のような質的転回があったと理解できよう。一七〇〇年代後半にかけて、実践的、身体的な行為を伴う救済論が隆盛を迎えるが、そうした救済論がおおよそ一八〇〇年頃を境として、突然に否定され、新たな救済のありようが模索される状況となり、そうした救済課題に応答して、心の状態を中核に据えた救済論が登場する。ここに〈身体性を重視する救済論〉から〈心を重視する救済論〉への救済パラダイムの転換をみることができるのではないか。このような意味で一八〇〇年前後という時代は、日本宗教の近世から近代への展開を考える上で重要な転換期にあったということができよう。

　無論、諸宗教の動向にはさまざまなバリエーションがあり、また身体性／心を重視する救済の両面性を兼ね備えるものも多くあったため、安易に身体か、心かという二分法的な見方はできないであろう。身体と心のせめぎあいという視点から、転換期の様相を座標取りしながら、全体の趨勢を捉えていく必要があるが、これについては課題として残しておきたい。

　最後に、こうした見取図をもとにその後の宗教の展開の簡単な見通しを示して本稿を結ぶこととしたい。日本の近代は、救済論の次元では、〈心を重視する救済論〉のパラダイムの内にその歩みを始めた。この救済論が大勢を占めていた時期に、キリスト教をモデルとした、身体的実践を排除し、心の問題の次元に限定する「宗教」概念が定着していく。この「宗教」像をもとに、諸宗教はビリーフ中心主義的教義を持った近代教団へと変貌を遂げていく。こうした宗教の近代化過程を、一八〇〇年前後以後顕著にみられる〈心を重視する救済論〉が下支えしていくこととなる。その後、本稿で注目した一八〇〇年前後の次の宗教ブームともいえる大正期になると、再び病気直しや修養、霊術といった〈身体性を重視する救済論〉が力を取り戻してくる。これも興味深い現象であるが、いかなる救済課題の内に〈身体を重視する救済論〉が再登場するのか、現時点では検討する用意がないので、指摘に留めておくこととしたい。

註

(1) 民衆宗教研究はこうしたナラティヴを、この分野の開拓者である村上重良の『増訂版 近代民衆宗教史の研究』（法蔵館、一九五七年）以来抱え続けてきており、そのことがこの分野の研究にさまざまな制約をかけてきたのではないかと考えている。

(2) 主に、高埜利彦『近世日本の国家権力と宗教』（東京大学出版会、一九八九年）、久留島浩・高埜利彦・塚田孝・横田冬彦・吉田伸之編『シリーズ近世の身分的周縁』一～六（吉川弘文館、二〇〇一年）を代表とする、宗教社会史、身分的周縁論の成果を念頭においている。

(3) 磯前順一『近代日本の宗教言説とその系譜――宗教・国学・神道』（岩波書店、二〇〇三年）、桂島宣弘「迷信・淫祠・邪教」（島薗進・高埜利彦・林淳・若尾政希編『他者と境界』春秋社、二〇一五年）など。

(4) 井上智勝「民衆宗教の展開」（『岩波講座日本歴史14』岩波書店、二〇一五年）。

(5) 末木文美士『近世の仏教――華ひらく思想と文化』（吉川弘文館、二〇一〇年）、松金直美「僧侶の教養形成――学問と蔵書の継承」（島薗進・高埜利彦・林淳・若尾政希編『シリーズ日本人と宗教5 書物・メディアと社会』春秋社、二〇一五年）。

(6) 本表作成にあたり、森章司「近世における真宗教団――異安心と妙好人」（大倉精神文化研究所『近世の精神生活』続群書類従完成会、一九九六年）を参考に、以下に示した資料から、裁判経過、処分に関わる記述を除き、安心をめぐる論争（批判、書物刊行、訴訟、行動、異安心）に関わる記述を抽出し、算出した。なお、全体の趨勢をみるため、三業惑乱が東西両派を巻き込んだ騒動に発展したという指摘に基づき宗派を区別していない。中島覚亮『異安心史』（平楽寺書店、一九一二年）、釈玄智景耀「真宗安心異諍紀事」（妻木直良編『真宗全書』第六八巻、国書刊行会、一九一四年）、「秘事法門集二巻」（山田文昭編『真宗大系』第三六巻、国書刊行会、一九一七年）、井上哲雄「真宗異安心年表」（『龍谷大学論叢』二九七号、一九三一年）、水谷壽『異安心史の研究』（大雄閣、一九三四年）、『続真宗大系』第一八巻（国書刊行会、一九三九年）、「大谷派学事史略年表」（『続真宗大系』第二〇巻、国書刊行会、一九四一年）、武田統一『真宗教学史』（平楽寺書店、一九四四年）、大原性実『真宗教学史研究――

異義異安心の研究』（永田文昌堂、一九五六年）、住田智見『異義史の研究』（丁子屋書店、一九六〇年）、大谷大学『真宗年表』（法藏館、一九七三年）、新宗教学研究所編『近代大谷派年表』（東本願寺出版部、一九七七年）、同朋学園佛教文化研究所『名古屋別院史 史料編』（真宗大谷派名古屋別院、一九九〇年）。

（7） 以下の概要を記すにあたり、主に本願寺史料研究所編『本願寺史』第二巻（浄土真宗本願寺派、一九六八年）、引野亨輔『近世宗教世界における普遍と特殊』（法藏館、二〇〇七年）、澤博勝『近世宗教社会論』（吉川弘文館、二〇〇八年）を参考にした。

（8） 奈倉哲三『真宗信仰の思想史的研究――越後蒲原門徒の行動と足跡』（校倉書房、一九九〇年）一一九頁。

（9） 同前、一三一―一三二頁。

（10） 以下の概要を記すにあたり、中島前掲書、水谷前掲書、芹口真結子「近世真宗教団と藩権力――一九世紀初頭の異安心事件を事例に」（『史学雑誌』一二三編八号、二〇一四年）、蒲池勢至「文化・文政の御堂改築」（名古屋別院史編纂委員会『名古屋別院史 通史編』真宗大谷派名古屋別院、一九九〇年）を参考にした。

（11） この秘密裏に交わされた書状が記録されているのは、了雅の御聞調の後、彼が捨てた書状が発見され、その経緯を白状したからである（『尾州五僧安心御聞調三』二十二丁オ）。

（12） 拙論「「渇仰の貴賤」の信仰としての如来教――一八〇〇年前後宗教社会から救済言説を読み直す」（『宗教研究』三八四号、二〇一五年）、「民衆宗教世界の形成過程――如来教の秋葉信仰との対峙をめぐって」（『日本思想史学』四九号、二〇一七年）を参照のこと。

引用史料一覧

「宗意惑乱ニ付物同行代共願書」（『福井県史 資料編四 中・近世二』一九八四年、二六六―二六七頁所収）。

『尾州五人御糺』（名古屋別院史編纂委員会『名古屋別院史 史料編』真宗大谷派名古屋別院、一九九〇年所収）。

『霊曜一件記 上』『尾州五僧安心御聞調一』『尾州五僧安心御聞調二』『尾州五僧安心御聞調三』『尾州五僧安心御糺六』（すべて大谷大学図書館所蔵）。

『お経様』『文政年中おはなし』（神田秀雄・浅野美和子編『如来教・一尊教団関係史料集成』一～四、清文堂、二〇〇三～二〇〇九年所収。出典はこれに記載された史料番号で示す）。

（いしはら やまと・国立民族博物館プロジェクト研究員）

■時代区分と思想史（季刊日本思想史第八十三号）

戦間期日本における「社会」と「政治」

――吉野作造・中島重・蠟山政道を手がかりに――

織田健志

一、はじめに

日露戦争後、対外独立の達成と国家目標の喪失によって、体制に批判的な知識人のあいだで、国家が公共的価値を独占することに対する疑念が生じてきた。それとともに、国家と区別された「社会」への関心が次第に高まってくる。こうした傾向は、第一次大戦後には「社会の発見」という知的状況となって浮上する[1]。そして、このような社会の意識化は、もっぱら国家の統治行為として理解されてきた政治の観念の変容を引き起こした。国家の対外的発展を前提とした外向きの「国家政治」は後景に退き、社会運動の勃興に触発された内向きの「社会政治」が注目を集めるようになる[2]。国家との必然的な結びつきを解かれた政治は、職能団体や労働組合に代表される中間団体へと還元されることになったのである。政治は社会の従属変数であり、国家の専管事項ではない――かかる発想を前提に、知識人たちは国家や政治に対する犀利な批判を展開することになる。いわゆる「大正デモクラシー」として今日知られている風潮である。

ところで、日本におけるデモクラシーの伝統という文脈から離れて、社会と政治との関係づけの問題から捉えれば、西洋で一九世紀中葉以降に徐々に進行していた政治の社会化[3]という状況が、日本でも顕在化したと見ることができる。なかでも、当時の知識人が影響を受けた点で注目すべきは、同時代のイギリスで隆盛した政治的多元主義（political pluralism）である。それは国家主権の絶対性を否定し、国家とその諸制度に実体的に同化されていた政治が、社会の諸集団に機能的に分化してゆく事態を的確に捉え、またそれを規範的にも肯定的に捉える視点を切り開いた。[4]だがその反面で、社会全体の「管制高地」として、社会内部の紛争や対立を権力的に解決することを通じて秩序を創造・維持する作為的な営みという、本来、政治が有していた公共性や権力に関わる契機＝「政治的なるもの」[5]への認識を曇らせることにもなった。政治的多元主義の「洗礼」を受けた大正期の知識人も、当然ながらこうした問題と無関係ではなかった。

本稿では、吉野作造・中島重・蠟山政道という三人の知識人を取り上げる。吉野は、政治的多元主義の隆盛を横目でみながら、「政治的なるもの」への冷静な認識を保持しつづけた。中島は、政治的多元主義を日本に本格的に紹介した人物であり、社会化の徹底により「政治的なるもの」の社会への包摂を志向した。蠟山は、政治的多元主義に由来する機能主義的な秩序観と「有機的調和」を説く有機体論的な秩序観に如何に折り合いをつけるか腐心した。以上の三人の言説を通じて、戦間期の日本における社会と政治の関係づけをめぐる議論の一端を明らかにしたい。

二、「代議政治」のエートス――吉野作造

吉野作造の名前は「民本主義」と切り離すことはできまい。周知のように、「民本主義」は「代議制度」の擁護論として展開されるが、そのさい注意すべきは、彼が「少数の賢者」、すなわち政治エリートの存在を前提とした議論を展開した点である。[6]

デモクラシーの立場を採る吉野にとって、「多数者」である民衆は「政界の支配者」であり、「政権活動の基礎」をなしていることは、むろん疑う余地がない。だが、政治の実際の局面では「賢明なる少数の識見能力の示教を仰がねばならぬ」。「此関係を政治的に見れば、多数の意嚮が国家を支配するのであるけれども、之を精神的に見れば、少数の賢者が国を指導するのである。故に民本主義であると共に、又貴族主義であるとも言へる。平民主義であると共に一面又英雄主義であるとも言へる[7]」。この言葉は二つの点で重要である。第一に、「政治」という営みを担う「少数の賢者」は、政治のプロフェッショナルとしてその任に当たり、人民による「選出」という事実に彼らの「正統性」が求められた。人民はいわばアマチュアとして、その「選出」と「監督」の役目が期待されている。第二に、吉野の「民本主義」は「人格主義」

の理念と固く結びついていた。「賢者」という表現には、知的エリートというにとどまらず、道徳的な高尚さも暗示されている。「吾人は其人に備はる精神的権威には敢て服従するを厭はざるものである」[8]。同時に、民衆には選挙というチャンネルを通した政治参加による「国家的経営の積極的責任の分担」[9]をすることで公共心の涵養が説かれたのである。

また、「民本主義」を主張するにあたって、吉野が「政治の目的」と「政権運用の方法」を峻別したことも見落としてはならない。すなわち、「政治の目的」が「相対的原則」であるのに対し、「政権運用の方法」は「絶対的原則」である。デモクラシーにおける「人民による政治」と「人民のための政治」の側面の自然調和的な見方に吉野は与することがなかった。さらにここで注目すべきは、「政治の目的」を「相対的」としていることである。吉野によれば、「相対的」とは唯一の絶対的真理がわれわれには分かっていない状態であること「社会的現象」においては、こうしたケースが多々あり得る。したがって、「国家を指導するに就いても、其絶対の真理が我々に分らないならば、第二次の真理――多くの場合に於ては複数の相対的原則の器械的の組み合せになる――を実行する事によつて満足しなければならない」[10]。こうした現実主義的な思考と先に述べた「人格主義」の併存は吉野の政治論の特徴ともいえるが[11]、国家と区別された「社会」観念の浮上により両者の結びつきはより明瞭になる。

ところで、「民本主義」を提唱した段階では国家と社会を同一視していた吉野が、一九二〇年前後を境として、国家以外の多様な社会のありように視界を広げたことは、つとに先学が指摘するところである[12]。論文「政治学の革新」（一九二〇年）で、吉野は一般的な日常生活としての「団体生活」と「強制組織としての国家」を明確に区別する。国家の強制力は確かに必要であるが、それは「団体生活の上に最高の文化を開展する」という社会における目的を実現する手段に過ぎない[13]。「社会と国家は別物に非るのみならず、吾人は国家（即ち社会）を離れて一日も生存すること能はざるものなり」[14]と主張して憚らなかった吉野が、「国家と共同生活即ち社会との概念的区別」[15]を説くに至ったのである。

では、このような「団体生活」ないし「共同生活」としての社会の意識化は、吉野に如何なる影響を及ぼしたのだろうか。

第一は、彼の「民本主義」を支えていた「人格主義」のニュアンスの変化である。ヘーゲルの影響を色濃く受けた吉野において、「人格主義」は「人類の倫理的生活の理想と国家的生活の真関係」[16]への問いとして、有機体論的な国家観と結びついていた。こうした有機体論的秩序観は、新たに意識化された社会の観念にも貫かれることになる。論文「国家と教会」（一九一九年）では、社会が個人の単なる寄せ集めとしての「機械」ではなく「相互の間に密接なる有機的関係」のある「活物」と吉野は説く。それは、生命の力がさまざまな矛盾や衝突を解決するのと同様に、自生的な秩序である[17]。もっとも、「現実の生活に於ては、我々の国家生活は第一次的のものと謂つて宜い[18]」とあり、この段階では国家的価値の優位はいまだに揺るぎない。だが、作為的な強制組織としての国家と自生的秩序としての「団体生活」＝社会を対置している点には注目してよいだろう。

　では、このような「活物」としての社会は如何なる原理によって支えられるのか。吉野は確信をもって語る。「我々の団体生活を統制する最根本の原理は、相愛互助の一元ではないか[19]」。ただし、強制力を必要としない「一種の無政府的状態」は遠い将来の理想状態であって、すぐさま実現可能と考えているわけではない[20]。その境地へ至る過程において、吉野は「人格の自由」とその手段である「政治的自由の拡張」の重要性を説くのである[21]。「私は人はすべて無限に発達するの禀性を固有し、而してその禀性を遂ぐると遂げざるとの運命の岐るるは主として環境の如何に在るを信ずる[22]」。「人格」は陶冶されるべきものであり、「代議制度」を通じて政治家と民衆は、人格成長を遂げると同時に「絶対的真理」が明らかではない現状においても公共的秩序を形成することが可能となる。「大衆の自由判断に託した上で、少しでも多数の味方を得たものを仮りに最高の価値とする[23]」。かくして、「人格主義」の理念は「国家と個人」という問題構成から「社会」の文脈に移され、デモクラシーの精神と実践を裏打ちされた「善き社会」の構想として新たな意味づけがなされることになったのである。

　とはいえ、吉野の見立てによれば、「人性の不完全なる現状[24]」のもとでは「第二義的のいろ〳〵な統括原理」が必要となる。ここで注意すべきは、吉野が「共同生活の秩序を維持する統括原理」として、「権力の組織のみならず、習慣、道徳その他色々の物」と複数の原理をあげている点である[25]。吉野がこれらの原理を対等に捉えていたかというと、実はそうではない。「道徳」が価値的にもっとも高く、「権力」の原理は低く見られた。「共同生活の統括原理は権力ばかりではない。命令、服従といふような低級の、水臭い関係を飛び越えて、今日はもつと自由な道徳的な且つ人格的な所に基礎を置きつつあり又置かねばならぬといふ事になつてをる以上、強制組織を強むるといふ事は必要であるが、第二義的の所に落ち来らざるを得ない[26]」。社会の構成原理の根本に「道徳」を据えた吉野は、「権力的な国家」を価値的に低い評価を下したのはむろん、「相愛互助」の社会とも対立的な位置に置かれたのである[27]。だがその一方で、政治を「国家と云ふ制約の下に存立する客観的支配の関係」と規定し、「人類の実生活を陶冶してその本質的なるものに向上せしむる」強制である「客観的支配」に「真の己れ」の発揚と「自由の恢復」の可能性を見出している。[28]「水臭い関係」と評された政治における権力（＝強制）の契機は、理想主義の信念にもかかわらず（あるいはその信念ゆえに）、最後までその痕跡を留めていたのである。

第二は、社会の意識化により、各人の職業を超えた政治へのコミットメントをかえって力説するようになった点である。「人は専門の職業的立場を離れて、超越的な抽象的な所謂市民的立場なるものを取り得るものだろうか。所謂生活事実に即して人生を如実に観る人は否と答えるであろう」[29]。むろんここでは、ギルド社会主義や職能代表性への批判が含意されている。現実の国家を機能的に「空間的」に相対化しようとする政治的多元主義に対する吉野の距離感が窺える。[30]さらに、「政治の問題につき、主導的な地位を取るの僭越を冒してはならない」と民衆の政治への直接参加に釘を刺しつつ、「政治家の施設につき常に鋭意監督の任務に励まねばならぬ」と吉野は繰り返し主張する。民衆に求められるのは、自らの利害や職業に基づく偏見から離れて「市民的立場」から政治家の「監督」に徹することである。「政治家の専門的財嚢と国民大衆の無遠慮な監督と、両々相俟つて始めて政治は本当に国民のもの又国民の為めのものとなるのである」[31]。社会の多元化に伴って政治の社会化が如何に進行しようとも、人間の不完全性を所与の前提に現実社会のあり方を考察した吉野において、「政治的なるもの」の観念は道徳や倫理に還元されることなく（さりとてそれらの要素を否定し去ることもなく）、「代議制度」と「多数決制度」を媒介にした、民意獲得のための不断のプロセスと捉えられた。吉野自身の表現を借りれば、それは正しい意見を無限に追求してゆく「競争」にほかならなかった。[32]

吉野は人間の成長可能性と、「相愛互助」の原理に根ざした道徳的共同体としての社会の観念を固く信じていた。しかしその反面で、「人性の不完全な現状」のもとでは、「水臭い関係」であっても「統括原理」として国家権力の必要性を熟知していたのである。形式的な制度そのものではなく、実質的な政治過程とそれを支える政治家と民衆双方の（求められる中身は当然異なるが）エートスと資質が重要である。かくして、吉野にとって政治とは、経済や社会などの実体に還元され得ない、独立性と主体性をもつ人間の営みであった。だがその反面、自律的な諸集団による競争や協調により社会が構成されているという政治的多元主義における共同社会の観念は十分理解されず、個人と国家が直接対峙する「近代」的な秩序観の枠内にとどまることを余儀なくされたのである。

三、「社会化」の陥穽――中島重

中島重といえば、『多元的国家論』（一九二二年）の著者として今日知られている。同書は日本で初めて政治的多元主義を本格的に考察した記念碑的労作であり[33]、中島にとってもその後の学問と思想の原点となった。その詳細は先行研究に譲り[34]、ここでは自身の政治的多元主義を展開している第六論文の三節に即して確認しておこう。

まず、中島は国家の基本的性質と特有性について整理する。国家の職能活動（function）には、「外部に対する共同防衛」「内部における安寧共存の保障」「ある範囲ある種類の物質文明の増進」「精神的文化の発達条件の設定」という目的がある。そして、これらの共同目的と職能活動を可能にする組織（organisation）を有し、構成員にのみ権利の享受と義務の負担が生じるという意味で一定の限界があり、構成員が国家を維持発展させようとする「意思の合致」によって成立存続する。共同目的・職能活動・組織が存在し、限界領域が確定し、かつ合意に基づいて成立する点で、国家は教会や労働組合などと同様の「団体（association, Verband）」の一種である（『多』二二三―二二六）。

ただし、国家は他の団体と異なり、構成員個人および彼らが別に組織する諸種の団体に強制手段による統制を加えることができ、主権の最高独立性すなわち「自己固有の組織力支配力」を有しているといった特有性がある（『多』二二六―二二九）。ここでいう「強制手段による統制」とは、種々の紛争を権力的に調整して公共的秩序を創出する、「政治的なるもの」の契機をさしている。だが、この問題に対する中島の叙述は素っ気ない。「強制手段の実行は国家の特有性であるけれども国家の存立維持にとりて本質的基本的なるものは合意であつて強制ではない」（『多』二二五）。個人や他の団体に対する「強制的統制」は、「共同防衛」や「安寧共存の保障」という国家の共同目的を遂行する手段に過ぎない（『多』二二八）。政治の社会化にまつわる「政治的なるもの」に関する問題は、『多元的国家論』刊行当時の中島には、いまだ十分認識されていなかったのである。

また、中島によれば、「基本社会（community, Gemeinschaft）」は一定有限の共同目的や職能活動、およびそれを遂行する組織をもたない。「慣習（custom）」と「道徳律」が存在するのみである。また、それは団体のように明確な限界はなく、人々の合意ではない「人格者と人格者の間の本来的根本的関係」に基づく自然発生的で「情感的（sentimental）」な社会関係である。そして、このような基本社会が団体を成立させる基盤となる。国家は「民族（nation）」という基本社会の上に成立した団体であり、教会は信仰共同体、労働組合は労働者の親密圏をそれぞれ基礎にもっているというわけである（『多』二二〇―二二一、二二三）。

基本社会において、個人はどのように位置づけられるのか。中島によれば、個人（彼の用語では「人格者」）は「意思の主体」であり、「自己人格の向上と完成」を目指して行動する。「人格の完成」とは「恒久普遍なる我の実現」であり、「恒久普遍なる我の満足の追求である」。したがって、個人は「自己の未実現の我のうちに何時も内面的に或社会を包含して居る」。要するに内面化が生じるのである。そして、基本社会は家族や友人関係などパーソナルで緊密な結合が無数に連鎖し「並立連結」して成立する。個人の観点からすれば、家族の一員と同時に民族の一員であり、また労働者階級の一員というように、各人は他者との関係を取り結ぶことで複数の基本社会を形づくる。このように、個人の「目的行動」が諸々の基本社会間の密接な連結を促進することになる。そのさい注目すべきは、従来の個別民族単位の基本社会から民族と民族との結合による「混民族的世界的なる一個の基本社会 international community」へ、基本社会の範囲と性質が拡大・進化しつつあることである。こうした趨勢を中島は社会進化と捉え、その行き着く先をこう断言する。「結局基本社会は自己のうちに無数の広狭大小の異れる基本社会を包容しつ、窮極に於て一個の基本社会であるといふべきものになる」（『多』二二二―二二四）。つまり、最終的には「人類すべてを一つの社会として包容する世界的社会」（『多』三五）が成立するというわけである。

では、互助的な結合関係に基づく基本社会の範囲と性質は、どのように拡大・進化してゆくのだろうか。『多元的国家論』では明瞭ではないが、以後の著作で、中島はそれを「社会化」という言葉で説明するようになる。「社会化といふことが実は社会進化の中心事実であり、社会進化の根本動因である」（『社』八）。そして、人格と人格との結合関係が極限まで進み、社会化が徹底された基本社会（共同社会）の理念型として、中島は「神の国」ないし「神の共同社会 Community of God, Community in God」（『神』四〇）を構想する。「神の国運動」の目的は、「人心の神への帰服」を通して「人格の徹底社会化」を推し進めることで「神の共同社会の建設」を目指すことにある。国家や家族といった諸団体を神に捧げ、「国際社会に於ては社会化愛の根本精神に依り国際共同社会の発達を促進し、世界連邦を実現せしめ世界的に神の国を実現せんとするものであり、産業社会に於ては社会化愛の根本精神に依り、兄弟主義の共同社会の発達を促進し、産業組織を改造して労働者小作人を解放し、神の国を実現せんとするものである」（『神』一七一―一七二）。

このように、中島は社会化の極致として「神の国」の実現を求め、「社会化愛」の促進のための宗教運動に邁進することになる。[35] それと同時に、『多元的国家論』当時には省みられなかった権力の問題が、社会化の実現手段として中島の意識に上るようになったのである。後期の代表作『発展する全体』（一九三九年）と『国家原論』（一九四一年）では、その考察が深められることになる。

中島は権力という言葉を「非社会的・利己的に行使せられたる社会力」と定義する。このような権力は広く共同社会に見られるが、全体社会に根ざした権力をとくに「公権力」と呼び、「部分社会の私権力」と区別する。では、「公権力」の果たす機能とは何か。それは「強制的社会化」である。つまり、強制力によって結合と連帯に基づく社会関係が範囲と程度において拡大してゆく方向を維持・促進して実現する作用である（『発』一一二―一一三）。しかも、概念的に把握説明が困難な動的なものという意味で、「公権力」は非合理的（irrational）な性格を帯びている。その理由として彼は三点あげている。第一は社会を構成する個人の意思が「主意的」であること、第二は「公権力」が社会結合を創造すること、そして第三は法・道徳・宗教等の合理化作用と比較しての非合理性である（『発』一一八―一二六）。

ここでは、第二の理由に注目したい。中島によれば、「社会的合理」の観点からすれば、根本にあるのは「自己の無意識なる利己的立場」である。他者と対立した場合、われわれは利己的立場から立論するが、たとえば親・夫婦・親友など相手との結合関係を考慮して和解することが多々ある。その意味で、結合と連帯は利己に対して「超論理として非合理なる原理」であり、「一層高次の段階に於ける社会化された利己」へと導く。「公権力」はこのような結合と連帯を創造するという意味で非合理的である（『発』一二〇―一二一）。「社会化愛」による「神の国」の実現という中島の宗教的信念は、こうして「強制社会化」の機能を果たす「公権力」と結びつくことになる。「今後新なる強制社会化意力を打ち立て運用するためには新なる宗教が必要である」。「新しき社会化愛の宗教」は「公権力」を「機能的奉仕的」に作用させるための精神的な基盤を成し、「強制社会化意力が完全に社会化愛の精神に依りて行使され運用せらるることが理想である」（『発』二七八―二七九）。

このような権力の倫理化への志向は、全体主義を正当化する論理へと転化する危険性を孕んでいた。「全体主義は独裁主義を以て一大特徴とする」。中島はつづけて述べる。「全体主義は新なる結合と連帯とを確保実現せんとしての独裁主義なる所に、その新契機があり、従つてそれが新なる社会化の宗教と結合せんとするは自然である」（『発』一五七―一五八）。

全体社会としての民族は「合一して一の世界社会としての全体社会」へと向かっている。だが、強制力を伴わない国際連盟では実現不可能であり、「帝国主義やブロック経済やアンシュルッス等」による国際関係の「簡単化」が前提となる。そして、「大国の間の決戦が行はれ、武力に依りて強制的に世界連邦が実現せられる。斯くしてのみ世界的全体社会が実現せられる」(『発』一六〇)。社会化の徹底という問題意識を追求した結果、中島の議論は、現実の全体主義国家の行動を肯定する言説へ滑り落ちてしまったのである。

また、「公権力」をめぐる議論を通じて、中島は社会化を促進する作為的な営みとして政治の観念に着目するようになった。政治は「公権力」の行使であり、社会の一つである国家や規範としての法に優先する。具体的には、「公権力を行使して、国家組織を実現維持し法を実現維持すること」にほかならない(『国』二一四―二一五)。とはいえ、「公権力」も権力である以上、「非社会的・利己的起源」は否定し得ない。政治も元来「公権力」の奪取を目的とした「闘争行為」である(『発』一二八)。だが、剝き出しの「闘争行為」としての政治は、「原始時代」→「武断的権威主義時代」→「国民的自由主義時代」という社会の発達段階(『発』一二九―一四三)と連動しつつ徐々に変容してゆく。そして「国民的自由主義時代」に至り、民族の「全体共同社会」が成立し、「公権力」は「国家を組織し民族の社会的結合力としての作用」として「強制社会化機能」を担うようになる。「政治は強制社会化意力を行使し、強制力を用ひて、社会化作用を為す行為」であり、国家組織の維持機能と個人に対する「民族的共同社会の糾合作用」となった(『発』一三七)。社会化の論理はここでも一貫している。そして、「歴史の転換期」に際会した中島は、「全体社会に現れつつある新なる一層進んだる連帯と結合とを、産業社会の部分的私権力を超克して確保実現せん」とする全体主義の歴史的意義を積極的に説くに至ったのである(『国』二二〇)。

社会が国家に優越するという立場は、『多元的国家論』以来の中島の学問上の信念であり、そのため彼は、「公権力」が国家ではなく「民族的共同社会」に立脚していると力説していた(『発』一二四―一二五)。また、「政治の根柢に権力的なものが無くなつたなどとは、言はれないこと勿論である」(『発』一三七)と述べ、政治に対する現実的で冷静な認識も保持していた。にもかかわらず、「政治の機能性と共同的性格」(『国』二二一)を説き、「強制社会化意力」の行使として政治を理解する中島の思考には、紛争や対立に折り合いをつけ、公共的＝公開された承認に基づく集団的意思決定という「政治的なるもの」の本質は見いだせない。「国家と社会との区別を知らざりし我国在来の国家思想」(『多』序一―二)に対する強い不満から出発した中島の思想的営為は、社会の全体的政治化という恐るべき事態へと帰結することとなった。それは「ゆらぎ」でも「変説」でもなく、中島の思想の核心である社会化の論理的な帰結であった。(36)

四、機能分化と有機的調和——蠟山政道

蠟山政道もまた、政治的多元主義に敏感に反応した一人であった。中島重が『多元的国家論』を刊行したちょうどその頃、蠟山はラスキの所説を中心にその意義を論評した「多元的社会観の政治学的価値」を発表する。この論稿では、政治的多元主義が国家一元論への鋭利な批判を展開した反面、「各集団間の関係を規律統制する組織方法に就ての研究が不十分」であり、現状「政治学説としての積極的価値」をもたず、「一種の自然法的楽天観」にとどまっていると論難した。(37)国家と実体的に同化されていた政治が社会の諸集団に分散してゆく政治の社会化という状況を前提に、国法学的な政治学が前提とした国家概念の所与性を解体しつつ「政治的なるもの」の契機を再定位することが、蠟山の思想課題となったのである。(38)最初の著作である『政治学の任務と対象』(一九二五年)において、蠟山は政治を「人間結合又は協力に対して高次的秩序を齎す為の組織的行為」と定義した。そして、その属性として「強制的行為」「利益搾取行為」「共同的社会的行為」の三つをあげている(『任』一六七—一六八)。政治はもはや国家に固有のものではなく、顕在化してきた社会を基盤に考察されるべき現象と考えられたのである。権力的な国家とも経済社会の競争の原理とも異質な政治の機能概念とそれを具現化した組織の「統一的把握」こそが、蠟山の考える政治学の「任務」であった。

蠟山は政治の属性を以上のように分類したが、それらを価値的に並立に捉えているわけではない。社会の「組織化行為」として政治を捉える彼にとって、「強制的行為」は国家に限らず広く社会関係に見られるものであり、組織化行為に付随する「第二次的価値」に過ぎないと考えられた(『任』一六〇—一六三)。「利益搾取的行為」についても、「搾取する利益」が抽象的に決定できない以上、「組織化行為に随伴する一特質に過ぎぬ」と述べる(『任』一六四—一六五)。したがって、蠟山における「政治的なるもの」の観念は、第三の「共同的社会的行為」という属性を中心に省察されることになる。(39)『日本政治動向論』(一九三三年)の「序」で、蠟山は自らの来歴を語っている。「デモクラシー思想の中に今後の日本の政治、経済及び社会の諸問題を解くべき鍵の存することを深く信じ且つ望んだ一人である」(『動』序二)。では、そのデモクラシー論の中身は何か。第一に指摘すべきは、民衆の政

治参加を可能にする普通選挙制の要求と「人格主義」的な自由の観念の結びつきである。[40]「自由の伸張は、人格の発展に外ならぬ。然らば、政治的自由の伸張は、個人人格の政治的領域に於ける発展であり、普通選挙制度なるものは、個人人格の選挙制度に於る発展と見なければならぬ」(『動』三八二)。デモクラシーを「人格主義」で基礎づけるこうした発想は吉野作造にも見られるので、とくに目新しいわけではない。問題は、人格発展の可能性とともに「人性の不完全」の現状を直視して権力も含めた複数の「統括原理」を想定した吉野に対し、蠟山が個人の人格成長と「共同社会」から「目的社会」への「進化」とを結びつけて論じた点である。彼にいわせれば、「目的社会」とは「共同社会」のように「犠牲を要求せず、その職分の為めにのみ協同を要求する政治社会」である。自らが指摘した政治の属性である「強制」と「利益搾取」の契機はそこでは後景に退いている。蠟山自身も自覚的であったように、彼の政治思想は理想主義から多元的国家論へと進行する同時代のイギリス政治思想の展開と軌を一にしていた。[41]蠟山は政治の社会化という状況に巧みに反応し、政治上の諸機関の機能分化と職能を通した有機的調和を志向した。もっともこの両者は簡単に両立し得るものではないのだが、ともあれ彼のこのような視点が、デモクラシーを単なる理念に止めずに技術論にまで踏み込んだ具体的な政治組織論の展開を可能にしたことは事実であろう。

いまひとつ確認しておきたいことは、民衆の政治参加をめぐる問題である。蠟山は「我国のデモクラシー」の要件として「組織ある労働者階級を先頭とする一般民衆の熱心なる要求」を説く(『動』九〇)。具体的には、普通選挙制度の確立とその下での無産政党がその一翼を担う二大政党制の実現である。こうした議論の背景には、労働党の台頭に象徴される当時のイギリスの政党政治に対する蠟山の関心があげられよう。[42]そのため、直接民主主義に傾斜した議論やソ連・イタリアに見られる一党独裁への懸念を表明するとともに、吉野と同じく政治家と民衆の役割を区別する。ただ、吉野は政治家を「賢者」に擬して「代議制度」を論じたが、蠟山はそうした議論を「選良論」とし、その不十分さを批判する(『動』三〇〇—三〇二)。そのうえで、「制度の維持存続の根拠」をその任に当たる「行動者」=「少数者」ではなく、多数の「傍観的な観察者の決定」に求めるのである。すなわち、「議会政治は傍観人政治であ」り、「少数行動者たる代議士の行動を観察し、批判する多数の傍聴人によって支持される」、傍観者が優越する政治制度である(『動』三〇三—三〇四)。蠟山がここで「傍観者」として想定するのは、「インテリゲンツイア」と「マッス」である。前者は「職業的関係の生活行動を直接に政治に持ち出すと云ふ因縁も衝動も感じない」という意味で「本質的」に「傍観者」である。一方、後者は「政治的にはイラショナル」であり、「夫々の生活分野に於ける行動や関心をそのま、政治に対して拡張しようとするか、或は全く無関心の関係にあるか」という状況である（『動』三一〇―三一一）。民衆に求められるエートスや政治的技能はここでは問題にならない。むしろ問題は、民衆の政治に対する「無関心」、すなわち「受動的性質や傍観的態度」が独裁政治の温床となっていることである。したがって、「インテリゲンツイア」に対しては自らの職能に基づき「傍観者」として議会を監視することが求められ、他方「マッス」には「彼等の自由なる生活行動と議会制度の統制」を両立させるため、「傍観者的態度」を棄て「政治統制の意義」を自覚してそれに服することが力説される（『動』三一五―三一六）。

デモクラシーをめぐる「行動者」と「傍観者」、さらに後者における「インテリゲンツイア」と「マッス」の区別が、機能分化と職能による有機的調和という機能主義的思考に根ざしていることは明らかであろう。ただ問題は、蠟山の議論が「議会主義の危機」というコンテクストでなされたことである。政党や議会を改革して独裁政治の成立を阻止しようとする彼にとって最悪の事態は、「行動者」と「マッス」が直接結びつくことである。そうした状況を回避する方策として、「傍観者」たる「インテリゲンツイア」の批判活動を重視するのか、あるいは「傍観者的態度」から脱して「政治統制の意義」に目覚めた「マッス」による「運動」に注目するのか。一九三〇年代半ば以降、蠟山の関心は前者から後者へ、すなわち議会政治の「監督」という批判から「国民運動」を通じた参加に移ってゆく。[43] それと同時に、多様な社会集団の政治機能についての視点は保ちながらも、議論の力点が機能分化から有機的調和へと移行することになる。

蠟山におけるこうした変化の画期として注目すべきは、論文「政治的統一の諸理論」（一九三五年）である。[44]「政治的統一」の理論の典型例として蠟山があげるのは、「連合的概念」「全体的概念」「協同的有機的概念」である。カール・シュミットに代表される「全体的概念」について、彼は二つの点から批判する。第一に、友敵の区別決定と敵の排撃を「政治的なるもの」の本質とするシュミットの議論では、「盗賊団の暴力行為」と「国家の軍隊」による「実力行為」の区別ができない。これは政治機能の「現実的存在」や「文化的状況」に偏り、「政治の目的的意識的側面」を無視している点で誤りである。[45] 第二に、治者と被治者の同質性を説くにあたり、シュミットが「国家―政治的指導―人民の三段階的構造」のもと、社会的・経済的・精神的・技術的等々のありとあらゆる領域にまで「政治的統一」の理論を適用しようとする点である。蠟山にいわせれば、「それは同質性の理論的限界を超えた権力的行為に過ぎない」ということになる[46]。

では、蠟山が多元主義的な「連合的概念」に賛同しているかというと、実はそうでもない。「多元主義の過誤は、各社会集団が共に分有すべき共通目的の意識を強調しながら、それを実現するに必要な有機的統一の存在を軽視した点にある[47]」。こうした問題点を解消する理論こそ、第三の「協同的有機的概念」である。蠟山によれば、W・Y・エリオットによって提唱されたこの理論は、各社会集団内の「有機的統一」への傾向に着目し、共通目的に結合する「組織化」が理性的なものに限らず伝統や感情、文化の要素を含んでいることを重視する[48]。それゆえ、立憲主義についても、多元主義に付きまとう「合理主義的な形式的な国家意思形式過程」としてではなく「倫理的目的に関する政治的意図の国民的共同態」と理解する[49]。

先に触れたとおり、蠟山の政治概念は、社会諸集団への政治の機能分化を承認する多元主義的視点と職能を介した諸制度の調和を説く有機体論的視点とのバランスの上に成り立っていた。だが、政治の機能主義的理解は維持しながらもファシズム的な独裁政治を警戒するあまり、「倫理的目的」を有する「国民的共同態」というより厄介な観念を呼びおこしてしまったのである。

昭和研究会へのコミットメントを経た「国民協同体」論では、このような傾向はより顕著となる。そこでは、秩序のための秩序に堕した旧来の政治のあり方が批判され、「個人の合目的活動」を可能とする「政治的統一の原理」が説かれた。それは「道義的倫理的観念の生活的実践を始めとして、行政や技術的活動を貫く目的合理性の不断の警告を以てなされる建設の原理を必要とする」。その基盤として蠟山は、国家に対置されるべき「国民協同体」の概念を主張する。彼にいわせれば、それは「従来の学問又は常識において『国家』と概念的には対立の地位におかれた『経済』や『社会』をも包含した立体的な社会的存在である[50]」。

政治上の諸機関の機能分化と職能を通した有機的調和の両立というかつての議論の面影はもはやない。「道徳的倫理的契機と「権力」の契機との緊張関係もそこには見いだせない。「人間結合又は協力に対して高次的秩序を齎す」政治の営みは、ここに至り「社会的存在」としての「国民協同体」をめぐる不断の秩序形成作用へと変貌した。「運命の意識化としての使命意識」に基づく「政治運動[51]」が政治の核心となる。権力行使を伴う「政治的なるもの」の限界の問題は、「共同的社会的行為」という属性を重視する蠟山の政治理解からは消失してしまったのである。

五、むすびにかえて

現代は、NPO団体や種々の市民運動の活発化により、社会が高度に発達した時代である。国家が公共的価値を独占する事態に対する大正知識人の異議申し立ては、もはや遠い過去の出来事となり、政治は社会における中間諸団体へと益々分化していった。だが他方で、現代は社会の隅々にまで政治が浸透する「政治化の時代」でもある。[52]「公的」領域と「私的」領域の境界が融解し、非政治的な部分社会の集まりである社会の中で、集団的意思決定が、往々にして公共的な意思決定という自覚を欠いたまま為されている。[53]社会化の進展による多元的社会の到来が、政治の本来的な属性たる公共性を掘り崩すのである。本稿で考察した政治の社会化（とその裏面における社会の政治化）の進行に加え、「グローバリゼーション」[54]や早熟的な「大衆社会」の成立[55]も合わせて考えれば、戦間期は「近代」とは区別された「現代」（便宜的にこう呼ぶこととする）の始期と見なすこともできよう。

また、少し視野を広げて見れば、吉野・中島・蠟山が腐心した社会と政治の関係づけをめぐる難問は、ウォーリンが「政治的なるもの」の昇華として批判し、[56]ロウィが利益集団間の非公式かつ私的なバーゲニングが政治的決定を支配している現状を「利益集団自由主義」と断罪した、[57]政治の社会化にまつわる〝陰画〟にほかならなかった。彼らの思想の型をより抽象化して、理論レベルで比較検討することも、あるいは可能であろう。

では、われわれはどのように社会と政治を切り分けることができるのか。この点をめぐって興味深いのは、高畠通敏がかつて説いた「運動の政治学」である。高畠は西欧語の〝movement〟と日本語の「運動」との意味の相違に注目する。すなわち、movementが政治の「秩序や機構に変動を起こさせる客観的なダイナミズム」であるのに対し、日本語の運動は「からだを運び動かして行う政治的行為」であり、多数であることも、また秩序に変動を起こさせることも要件ではない。「心を労して他者の身体を動かす」権力と異なり、運動は「身体を労して、他者の心を動かそうとする」、いいかえれば「権力地位の平等なものが、相互に権力に頼らないで行なうところの政治的行為」を意味している。さらに、高畠は市民運動を「参加」という概念から捉える発想に違和感を表明する。それは「権力と運動を両立させる西欧型民主主義の伝統」に基づくものであり、実際に日本の市民運動では「抵抗」や「拒否」の運動が一般的である。権力と対置された（日本的な）運動の機能は、目的達成や効果ではなく、参加者に「充実感覚」をもたらし、参加者相互の「共同の連帯感」を醸成する点にある。そして、運動がこのように発展することにより、「指導者と服従者」や「精神労働者や実行者」といった「固定的な分化は消え、からだを運び動かすという機能への全員の平等な参加が要求されるようになる」と高畠は主張する。(58)

政治が秩序を自覚的に創出維持する営みであるとすれば、それは社会の領域における人々の不断の「運動」、たとえば「全く権力的地位とは関係ないところの、日本の民衆の常民的共同性」(59)の発露として、それ自身で価値を有する行為として存在するのか。あるいは、何らかの別の目的――たとえば、「立体的な社会的存在」である「国民協同体」の繁栄や、社会化の促進による世界規模での「共同社会」の実現――のための手段として限定的であるべきか。政治の社会化を(肯定するにせよ否定するにせよ)事実として受け入れた上で、社会において政治を如何に位置づけるかという難問の前に、われわれは佇んでいるのである。

註

(1) 「社会の発見」の思想史的意味については、飯田泰三「ナショナルデモクラットと〝社会の発見〟」(『批判精神の航跡――近代日本精神史の一稜線』筑摩書房、一九九七年)、有馬学『日本の近代4 「国際化」の中の帝国日本 1905～1924』(中央公論新社、一九九九年)二七二―三三〇頁、拙稿「社会」(米原謙編『政治概念の歴史的展開9 「天皇」から「民主主義」まで』晃洋書房、二〇一六年)一九三―一九六頁を参照。

(2) 丸山眞男「近代日本の思想と文学」(『丸山眞男集8』岩波書店、一九九六年。初出一九五九年)一一六―一一七頁。

(3) 川崎修『「政治的なるもの」の行方』(岩波書店、二〇一〇年)八―一〇頁、五八―六二頁。

(4) 同前、七二―七四頁。早川誠『政治の隘路』(創文社、二〇〇一年)第一章も参照。

(5) ウォーリンは、政治の本来の属性である公共性・共通性・権力性の契機を「政治的なるもの」(the political) と呼び、ホッブズに言及しつつその要素として以下の三点を挙げている。「第一は、全体を監督し、他の形態の活動への指示・統制を独特の職責とする権威。第二は、構成員であることを承認した人々の肩にかけられている義務。そして第三は、公的に重要な意義をもつ行動を枠づける共通のルールの体系である」。Sheldon Wolin, *Political and Vision: Continuity and Innovation in Western Political Thought*, expanded edition, Princeton University Press, 2004, p. 259. 尾形典男ほか訳『政治とヴィジョン』(福村出版、二〇〇七年)三三四頁。

(6) 坂本多加雄「吉野作造の「民本主義」――その過去と現

顕著な特徴であった。

在」、『坂本多加雄選集Ⅰ　近代日本精神史』（藤原書店、二〇〇五年。初出一九九九年）二二八―二三二頁。なお、坂本が指摘しているとおり、政治指導者と大衆の区別という視点は、「民本主義」以前から（そして以後も）吉野の「政治」観の顕著な特徴であった。

（7）吉野「憲政の本義を説いて其有終の美を済すの途を論ず」（『中央公論』一九一六年一月。『吉野作造選集2』岩波書店、一九九六年）五一―五二頁。

（8）吉野「デモクラシーと基督教」（『新人』一九一九年三月。『吉野作造選集1』一九九五年）一六二頁。

（9）吉野「民本主義の意義を説いて再び憲政有終の美を済すの途を論ず」（『中央公論』一九一八年一月。前掲『吉野作造選集2』）一二七頁。

（10）同前、一〇〇―一一三頁。

（11）飯田泰三『批判精神の航跡――近代日本精神史の一稜線』（筑摩書房、一九九七年）二一四―二一七頁。

（12）同前、一九四―二〇四頁。

（13）吉野「政治学の革新」（『中央公論』一九二〇年一月。前掲『吉野作造選集1』）二三七―二四一頁。

（14）吉野「木下尚江君に答ふ」（『新人』一九〇五年三月。同前）八一―八二頁。

（15）吉野「言論の自由と国家の干渉」（『我等』一九二〇年三月。『吉野作造選集3』一九九五年）二九四頁。

（16）吉野『ヘーゲルの法律哲学の基礎』（一九〇五年。前掲『吉野作造選集1』）七一頁。

（17）吉野「国家と教会」（『新人』一九一九年九月。同前）一七八―一八一頁。

（18）同前、一八四頁。

（19）吉野「現代通有の誤れる国家観を正す」（『中央公論』一九二一年一月。同前）二七二頁。

（20）吉野にいわせれば、クロポトキンの「相互扶助」論についても、「結局の理想」としては承認すれども現実的な選択肢としては取るに足らない空論である。この点は以下の論稿を参照。「クロポトキンの思想の研究」（『東京朝日新聞』一九二〇年一月一六―一九日）、「アナーキズムに対する新解釈」（『中央公論』一九二〇年二月）、前掲「言論の自由と国家の干渉」。

（21）吉野「国家生活の一新」（『中央公論』一九二〇年一月。前掲『吉野作造選集1』）二三〇頁。

（22）吉野『現代政治思潮』（一九二九年。同前）三六一頁。

（23）同前、三四一―三四二頁（傍点原文）。

（24）吉野前掲「現代通有の誤れる国家観を正す」二七二―二七三頁。

（25）吉野前掲「言論の自由と国家の干渉」二九六―二九七頁。

（26）同前、二九七―二九八頁（傍点織田）。

（27）清水靖久「吉野作造の政治学と国家観」（前掲『吉野作

造選集1』解説）三九四―三九七頁。

(28) 吉野前掲『現代政治思潮』三二三頁。

(29) 吉野「国家思想に関する近時の論調について」（『中央公論』一九二二年七月。『吉野作造選集4』一九九六年）四七頁。

(30) 清水靖久によれば、吉野の議論は遠い将来の理想から現在の国家生活の不完全を論じる国家を「時間的に相対化」したものであり、国家を「空間的に相対化」した多元的国家論とは異質のものである。清水前掲「吉野作造の政治学と国家観」四〇一頁。

(31) 吉野「我が国無産政党が辿るべき途」（『中央公論』一九二七年一月：吉野①一九六頁。この点については、坂本前掲「吉野作造の「民本主義」」二五二頁も参照。

(32) 吉野『近代政治の根本問題』（一九二九年。前掲『吉野作造選集2』）二五五頁。

(33) 蠟山政道『日本における近代政治学の発達』（新泉社、一九六八年。初出一九四九年）一七一―一七九頁。なお、引用に際して、本稿で言及する中島の著作は以下のように略記し、頁数を付して本文中に記す。『多元的国家論』（内外出版、一九二二年）→『多』、社会的基督教概論』（同志社ミッション、一九二八年）→『社』、『神と共同社会』（新生堂、一九二九年）→『神』、『発展する全体』（理想社出版部、一九三九年）→『発』、『国家原論』（三笠書房、一九四一年）→『国』。

(34) 『多元的国家論』の第一・第二・第八論文を中心に、中島の政治的多元主義の受容を詳細に検討した西田毅「大正期の日本思想と政治的多元論 political pluralism ――中島重の場合」（『同志社法学』三四七号、二〇一一年六月）、ギルド社会主義の影響に焦点を当てた田中真人「ギルド社会主義と中島重」（『キリスト教社会問題研究』三〇号、一九八二年二月）、美濃部達吉と中島を比較した小野博司「明治憲法と政治的多元主義――美濃部達吉と中島重の学説批判を中心に」（『阪大法学』二四三号、二〇〇六年九月）。

(35) 中島が挺身した「社会的基督教」運動については、倉田和四生『中島重と社会的基督教――暗い谷間を照らした一筋の光芒』（関西学院大学出版会、二〇一五年）第六章、武邦保「「社会的基督教」における中島重」（『キリスト教社会問題研究』二〇号、一九七二年三月）、倉橋克人「中島重と「学生キリスト教運動（SCM）」(1)(2)（『キリスト教社会問題研究』六一号・六二号、二〇一三年一月・二〇一三年一二月）。また、中島の思想的変遷は、拙稿「社会化の陥穽――中島重における「社会」と「政治」」（『フィロソフィア・イワテ』岩手哲学会、四九号、二〇一八年一月）を参照。

(36) 同志社で中島の薫陶を受けた田畑忍は、中島が「一部国家の一時的なゆがみ」に囚われて、「国家が国家以上の自由なる「全体社会」または「神の共同社会」に発展解消するであろう歴史的必然の側面を見失われているかに見えることにもなった」と指摘している。田畑「中島重博士の国家論」（『キリスト教社会問題研究』八号、一九六四年一〇月）二三頁（傍点原文）。

(37) 蠟山「多元的社会観の政治学的価値――ハロルド・ラスキーの「国家主権論」に就て」（『法学志林』二四巻一号、一九二二年一月）。引用箇所は四四―四五頁。

(38) 酒井哲哉「「東亜協同体論」から「近代化論」へ」、同『近代日本の国際秩序論』（岩波書店、二〇〇七年）一二一―一二三頁。なお、『政治学の任務と対象』（巌松堂書店、一九二五年）および『日本政治動向論』（高陽書院、一九三三年）からの引用は、それぞれ『任』『動』と略記のうえ、頁数を伏して本文中に記す。

(39) 蠟山政道は日本における国際政治学と行政学の草分けとしても著名である。機能主義的な国際政治論については、先述の酒井論文のほか、小林啓治『国際秩序の形成と近代日本』（吉川弘文館、二〇〇二年）第六章、平野敬和「蠟山政道と戦時変革の思想」（石井知章ほか編『一九三〇年代のアジア社会論』社会評論社、二〇一〇年）。行政学については、田口富久治「蠟山行政学の一考察」（『日本政治学史の展開』未来社、一九九〇年）、今村都南雄『ガバナンスの探求――蠟山政道を読む』（勁草書房、二〇〇九年）。

(40) 松沢弘陽『日本社会主義の思想』（筑摩書房、一九七三年）二九二―二九三頁。

(41) 酒井前掲『近代日本の国際秩序論』一二四頁。

(42) 米原謙『日本政治思想 増補版』（ミネルヴァ書房、二〇一七年）一八九頁。

(43) 松沢前掲『日本社会主義の思想』二九七頁。

(44) この論稿の蠟山の政治思想全体における位置づけは、酒井前掲『近代日本の国際秩序論』一三四―一三七頁、松沢前掲『日本社会主義の思想』三三〇頁を参照。

(45) 蠟山「政治的統一の諸理論（一）」（『国家学会雑誌』四九巻八号、一九三五年八月）六―八頁。

(46) 同前、一二―一三頁。

(47) 蠟山「政治的統一の諸理論（二・完）」（『国家学会雑誌』四九巻九号、一九三五年九月）三〇頁。

(48) 同前、三二頁。

(49) 同前、三五頁。酒井前掲『近代日本の国際秩序論』一三六―一三七頁も参照。

(50) 蠟山「国民協同体の形成」（『改造』一九三九年五月）一二―一三頁。

(51) 蠟山「東亜協同体の理論」（『改造』一九三八年一一月）一二頁。

(52) 丸山眞男『政治の世界』（一九五二年。『丸山眞男集5』岩波書店、一九九五年）一二七―一三二頁。

(53) 川崎前掲『「政治的なるもの」の行方』六〇―六三頁。

(54) 交通・通信の発達により世界が一つに結ばれ、都市部では、商工業の発達が大衆を生み、彼らの生活水準の向上により萌芽的な「大衆消費社会」が現出した。また、国家を超えた「世界社会」という意識が知識人のあいだに芽生えてくるのも、第一次大戦後の一九二〇年代からである。苅部直『歴史という皮膚』(岩波書店、二〇一一年)一五―二二頁参照。

(55) 飯田前掲『批判精神の航跡』二一〇頁。当時の言論界でも、「大衆社会」という用語こそ使われていないが、「大衆」という言葉は一種の流行語であった。たとえば、『中央公論』一九二八年四月号では「大衆観」という特集が組まれ、長谷川如是閑・高畠素之・鶴見祐輔・木村毅が寄稿している。この点は、趙星銀『「大衆」と「市民」の戦後思想』(岩波書店、二〇一七年)一一―一三頁も参照。なお、高畠はMasseの意味で「大衆」という語を使い始めた人物として知られている(神永文三「「大衆」主義」、『急進』一九二九年六月)。

(56) たとえば、ウォーリンは次のように述べている。「現代を特徴づけているのは、政治や政治的なるものに対する敵愾心ではないということである。それどころか、最近の思想は、人間活動のほとんどすべての重要な領域のうちに、政治的現象を発見することに極めて有能であった。(中略)ここで再度強調すべきことは、現代に特有なのは、反政治主義そのものではなくして、むしろこれまでの思想が非政治的であると考えていた団体の諸形態の中に、政治的なるものを昇華させる(sublimation)試みである」(Wolin, op. cit, p. 385. 前掲邦訳、四九四頁)。

(57) Theodore J. Lowi, *The End of Liberalism: Ideology, Policy, and the Crisis of Public Authority*, W. W. Norton, 1969. 村松岐夫監訳『自由主義の終焉――現代政府の問題性』(木鐸社、一九八一年)九五―一〇〇頁。

(58) 高畠通敏「市民運動の政治学・ノート」(『自由とポリティーク――社会科学の転回』筑摩書房、一九七六年)三―二〇頁。

(59) 同前、一六頁。

(おだ たけし・国士舘大学准教授)

編集後記

本特集は、二〇一七年八月に開催された第三回「思想史の対話」研究会「日本思想史研究の現在を捉える——時代区分を超えて」を基礎としている。「思想史の対話」研究会は、若手研究者の交流と議論の活性化を目的として、日本思想史学会総務委員会による運営のもとで、二〇一五年度から始まった研究会である。第一回（二〇一五年九月）は、「日本思想史学会総務委員会企画研究会」という呼称で、後に研究会の名称となる「思想史の対話」は企画テーマであった。第二回（二〇一六年四月）は「「国学」研究の現在——学問領域の越え方」、第四回（二〇一八年九月）は「近代神道再考」をテーマに研究会が開催され、非学会員を含む報告者・参加者の間で有意義な議論がなされた。

本研究会の発足に尽力された前田勉氏の念頭にあったのは、一九八四年の「荻生徂徠シンポジウム」（八王子セミナーハウス）に始まる一連のシンポジウムであったと伺っている。これらのシンポジウムは、出身の学問領域を異にする研究者が多く会し、その後の日本思想史学会の発展の一つの土台となった。一九六八年に設立された日本思想史学会は、昨年で五十周年を迎えたが、八〇年代に少なくとも、近世日本思想史の領域においてディシプリンを越えた研究者の交流圏が形成された経緯については、斯学の良き先例として記憶されるべきであろう（関係者の聞書きを作成してはどうだろうか）。「荻生徂徠シンポジウム」から三十年の月日が流れ、学界も変化した。八〇年代以降の日本思想史学においては、歴史学・文学・倫理学・政治学といった多様な出自を有する研究者間の問題関心・学問技法の衝突と融合が研究の重要な推進力となっていたのではなかろうか。しかし、現在は、問題意識・学問技法の共有が進み、斯学の標準がかなり定まった中で研究が行われているように思われる。このような状況において、今後の研究の発展のために誰とどのように「対話」するのかは改めて問われるべきであろう。

第三回の研究会では、今なお研究者を大きく隔てている「時代区分」の壁を越えた「対話」を試みることにし、各時代ごとの研究状況の紹介を企画の中心とした（詳細については学会ウェブページを参照されたい）。一方、本特集を組むに当たっては「時代区分」に関わる問題を多様な観点から執筆者に論じて頂いた。「時代区分」というと往昔の論争を想起し、古めかしい趣きを覚えるかもしれない。また、特定の「時代区分」に対して、その恣意性を批判することも大抵容易であろう。しかし、分節化することなく歴史を理解することは不可能であり、研究上の必需品として「時代区分」は存在する。当たり前すぎて意識されないことすらある「時代区分」という道具を各執筆者が、どのように捉え、どのような手さばきで用いているのかが、本号の読みどころであろう。

本特集の論考の方向性は様々なので、老婆心ながら編者から一つの読み方を参考までに示したい。冨樫論文及び舩田論文は、それぞれ古代思想、中世思想の研究史を主題とする。両論文は古代思想史研究、中世思想史研究の優れた手引きであると同時に、研究史上の画期——いうなれば研究史上の「時代区分」——を問題としている。濱野論文と水野論文は、江戸期と大正から昭和初期の「時代区分」論を検討する。史的唯物論の「時代区分」に慣れた目には、両論文が紹介する「時代区分」論の類型は新鮮であろう。徳盛論文・石原論文・織田論文は、従来の「時代区分」に対して再考を促す。徳盛論文は、解釈の現場に徹底して即した場合に浮かび上がる「画期」や「転換」を扱い、石原論文は「近代」の始期、織田論文は「現代」の始期について論じる。

一応このように分類してみたものの、冨樫論文と徳盛論文がともに「記紀」解釈を俎上に載せるように、本特集所収の論文は相互に様々な点で連関している。専門とする時代を異にする執筆者の論考の間に、意外な呼応を見つけ出すことは、研究上の「時代区分」の壁を越える重要な手がかりとなるに違いない。読者のみなさんが、本特集から新たな「対話」の端緒を引き出して下さることを願っている。

（高山大毅）

日本思想史懇話会同人

安蘇谷正彦（國學院大學名誉教授）
石毛　忠（防衛大学校名誉教授）
市川　浩史（群馬県立女子大学教授）
梅森　直之（早稲田大学教授）
大桑　斉（大谷大学名誉教授）
大隅　和雄（東京女子大学名誉教授）
沖田　行司（同志社大学教授）
小沢　富夫（前玉川女子短大教授）
桂島　宣弘（立命館大学特任教授）
苅部　直（東京大学教授）
菅野　覚明（東京大学名誉教授）
窪田　高明（前神田外語大学教授）
黒住　真（東京大学名誉教授）
小島　康敬（国際基督教大学特任教授）
子安　宣邦（大阪大学名誉教授）
佐藤　弘夫（前東北大学教授）
佐藤　正英（東京大学名誉教授）
澤井　啓一（恵泉女学園大学名誉教授）
島薗　進（上智大学教授）
徐　興慶（中国文化大学教授）
末木文美士（国際日本文化研究センター名誉教授）
末中　哲夫（前早稲田大学大学院教授）
M・W・スティール（国際基督教大学名誉教授）
高橋　文博（岡山大学名誉教授）
高山　大毅（東京大学准教授）
竹内　整一（東京大学名誉教授）
田﨑　哲郎（愛知大学名誉教授）
田尻祐一郎（東海大学教授）
田中　元（工学院大学名誉教授）
田原　嗣郎（北海道大学名誉教授）
玉懸　博之（東北大学名誉教授）
辻　惟雄（東京大学名誉教授）
辻本　雅史（中部大学教授）
K・W・ナカイ（上智大学名誉教授）
中野　三敏（九州大学名誉教授）
中野目　徹（筑波大学教授）
野崎　守英（中央大学名誉教授）
延廣　眞治（東京大学名誉教授）
林　淳（愛知学院大学教授）
速水　侑（東海大学名誉教授）
樋口　浩造（愛知県立大学教授）
平石　直昭（東京大学名誉教授）
前田　勉（愛知教育大学特別教授）
松田宏一郎（立教大学教授）
松本三之介（東京大学名誉教授）
三橋　健（前國學院大學教授）
源　了圓（東北大学名誉教授）
宮川　康子（前京都産業大学教授）
本山　幸彦（京都大学名誉教授）
山本　眞功（前玉川大学教授）
吉田　公平（東洋大学名誉教授）
吉田　昌彦（九州大学名誉教授）

■定期購読のご案内■

● 本誌の刊行は、年二回の予定です。

● 本誌は、全国すべての書店に配本されるものではありませんので、最寄りの書店に定期購読のお申し込みをいただくのが、最も確実に本誌をお手元にお届けできる方法です。

季刊日本思想史　第八十三号
令和元年六月二十五日発行
©2019
編　集　日本思想史懇話会
発行者　廣嶋　武人
制作者　藤田　啓介
発行所　株式会社ぺりかん社
〒113-0033　東京都文京区本郷一-二八-三六
〇三（三八一四）八五一五
http://www.perikansha.co.jp
組版・閏月社／印刷・モリモト印刷
表紙印刷・モリモト印刷／製本・鶴亀製本

出版案内

◆

ぺりかん社

［ご案内］ご注文はお近くの書店をご利用下さい。書店遠隔などのため、小社から直接購入を希望される場合は、その旨ご指定のうえ、郵便または電話でご注文下さい。小社から直接購入の場合、お支払い方法は代金引き換えとなります。また、送料＋代引手数料として900円(税別)が別途かかります。

＊本案内の価格はすべて税別です。

新刊

徂徠学派から国学へ
表現する人間

板東洋介＝著

朱子学は「理」による内面と外界の連続性を説いたが、古学派は、「古え」に依拠すべき「道」を見出し、内面と外界の間に位置する〈表現〉の場に人間存在の基底を模索した。古学派の言語論や詩的表現の分析を中心に、近代知識人の宿痾となった思想的葛藤に目を配りつつ〈表現する人間〉像を探究する。

［主要目次］

経世論の外部
経世論の外部／徂徠学の登場／礼楽と経済／徂徠の経書間と人間観／超越と詩／治者の自己／経世論の外部／国儒論争の発端

賀茂真淵の思想
「畸人」真淵／「わりなきねがひ」／「直き」人々／更新された「雅び」／五十音の秩序／「直き」もの、ふの道／犬の群れと羊の群れ／文と武と

◆A5判／二八〇頁／五〇〇〇円

「神国」の正統論
『神皇正統記』受容の近世・近代

齋藤公太＝著

天皇の統治に基づく「正統」概念の展開を、北畠親房『神皇正統記』の近世以後の多様な受容史から詳細に分析し、天皇と神道／政治権力と倫理という二つの関係が交錯する思想史として描き出す。

［主要目次］

「神国」の「正統」―『神皇正統記』の思想構造―／**「南朝」のあとで**―近世前期までの『神皇正統記』の受容史―／**「虚器」と「共生」**―山鹿素行と新井白石の『神皇正統記』受容―／**「神器」と「正統」**―闇斎学派の南朝正統論―／**本来性をめぐる闘争**―前期水戸学における神器論争―／**「神書」と「古典」のあいだ**―垂加派における『古事記』研究―／**「神道」から「古道」へ**―『弁道書』以降における「神道」の再解釈―／**「国体」の興隆**―後期水戸学における『神皇正統記』の受容―／**「神国」の近代**―明治国学と『神皇正統記』―

◆A5判／三五二頁／六四〇〇円

古代日本の穢れ・死者・儀礼

尾留川方孝＝著

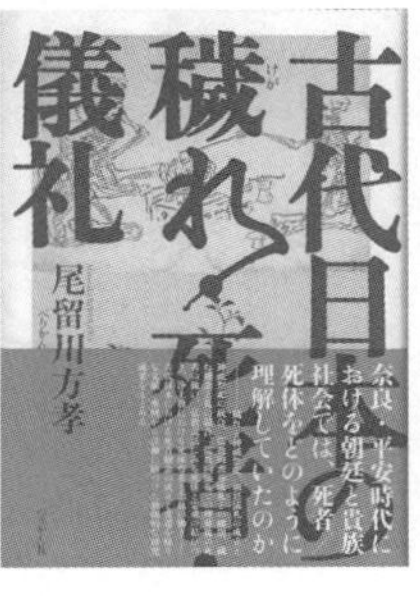

奈良・平安時代における朝廷と貴族社会では、死者／死体をどのように理解していたのか。穢れと神祇祭祀の統合、儒教的喪葬儀礼との峻別、仏教説話にみる死体と霊魂の結びつきなど、古代日本における死者観念の成立と変遷を様々な文献と事例から詳細に跡づけた独創的な研究成果をまとめる。

［主要目次］

穢れが問題とされる状況とその変容
―神祇祭祀から朝廷儀礼へのひろがり―

葬儀礼と死の穢れ

穢れのひろがりと収束

埋葬後の儀礼からみる律令期の死者観念
―死者の形態と場所―

仏教説話に見る律令期のもう一つの死の理解

浄土教における遺体の意義と死者の存在する空間

◆A5判／五九二頁／七〇〇〇円

伊藤仁斎の古義学
稿本からみた形成過程と構造

丸谷晃一＝著

長年にわたる地道な稿本研究により仁斎の思想形成過程と、その思想構造の解明に取り組んだ政治思想史研究者・丸谷晃一の遺稿集。在外的発想、独自のアプローチにより、多くの学問的成果と「問われ続けるべき問い」を遺した著者の畢生の研究をまとめる。

［主要目次］

第一部―伊藤仁斎における「同一性」批判の構造／伊藤仁斎における「性善」論の構造／伊藤仁斎の「情」的道徳実践論の構造／**第二部**―伊藤仁斎における「古義学」的方法の形成過程／伊藤仁斎における「道」秩序の構造／**第三部**―伊藤仁斎の人間観／伊藤仁斎の人我相異論の成立過程／**コラム**―「丸谷晃一さんと私」（ケイト・ナカイ／田尻祐一郎／菅原光／片岡龍／大久保健晴／高熙卓／末木恭彦／苅部直）／**解題**（高山大毅）／**解説**（相原耕作）／**跋にかえて**（澤井啓一）

◆Ａ５判／三五二頁／六四〇〇円

希望の歴史学
藤間生大著作論集

藤間生大＝著
磯前順一・山本昭宏＝編

「ナショナリズムなき民族主義」の可能性に挑み、一国史的な視座を超える「東アジア世界論」を構想した不屈の歴史家・藤間生大。その思考の軌跡を集成し、未来へと繋がる終末論を一望に収める。

［主要目次］

第一部　インタビュー
日本史・東アジア史・世界史について語る

第二部　論攷
〈敗北から学ぶ〉研究と実践／二つの敗北期／**〈国家と民族〉論**古代における民族の問題／五〇年の歳月を経て／**〈東アジアの終末論〉**前近代東アジア史研究の方法論についての一考察／古代東アジアの終末感（観）／旧谷中村の石仏

藤間生大著作文献目録
解説（磯前順一・山本昭宏）

◆Ａ５判／三六八頁／六八〇〇円

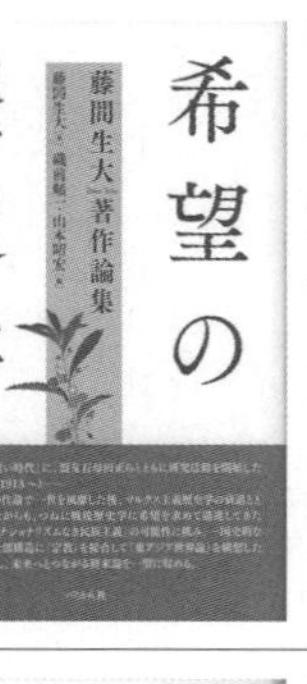

〈死者／生者〉論
傾聴・鎮魂・翻訳

鈴木岩弓／磯前順一／佐藤弘夫＝編

東日本大震災の犠牲者への鎮魂を通じて、死者と生者の関係を再確認し、見えないものを語るために、沈黙の声に耳を傾け、魂の奥底にある言葉を翻訳する技術と理論を「医療・宗教・民俗・思想史」の観点から解き明かす。［執筆］山形孝夫／高橋原／金沢豊／安部智海／木越康／竹本了悟／加藤智也／寺戸淳子／小田龍哉／須之内震治。

［主要目次］

第一部　沈黙の声を聴く―死者のざわめき／声にならない声を聴く／生者のざわめきを聴く

第二部　支え合う死者と生者―「死んだら終りですか？」／二・五人称の死者／死者たちの団欒

第三部　生き残った者の生―生き残るものの論理　声が届くこと／謎めいた死者のまなざし、そしてざわめく声／「彼らが幸せでいられるなら」

◆四六判／四〇〇頁／三二〇〇円

日本書紀の祈り
多様性と寛容

徳橋達典＝著

元写真記者の神道学博士が「多様性」と「寛容」をキーワードに、『日本書紀』神代巻（第一～十一段）を複眼的視点から新たに読み解き、現代のメッセージとして再生させる。

［主要目次］

神代巻第一段（神世七代章）
神代巻第二段（神代七代章）
神代巻第三段（神世七代章）
神代巻第四段（大八洲生成章）
神代巻第五段（四神出生章）
神代巻第六段（瑞珠盟約章）
神代巻第七段（宝鏡開始章）
神代巻第八段（宝剣出現章）
神代巻第九段（天孫降臨章）
神代巻第十段（海宮遊幸章）
神代巻第十一段（神皇承運章）

◆四六判／二八八頁／二八〇〇円

啓蒙の江戸

江戸思想がよびおこすもの

西田耕三＝著

江戸の思想・学問をひもとき、運命、先入見・固定観念、迷信・因習、偏見・偏執、虚栄・虚偽、自己欺瞞といったものから自由になるための思考＝「啓蒙」の精神について、西洋思想と対比し考察する。

[主要目次]

啓蒙の江戸とは何か―啓蒙と江戸／理／日用現実／みずからの人生を切り開く／公論に非ざるの公論／**格物の喜び**―『大学』／貝原益軒とスピノザの喜び／格物と近世随筆／**甚解を求めず**―読書の方法／受容の本意／疑わしきは闕く／古文献の扱い／無為に至る道／葛藤を打す／**他を欺かんや**―「物語」は欺く／欺きの場／欺きの拒否／**事もと無心**―見出された「事もと無心」／世に棄材なし／無思善無思悪／定法を打破する／妙と咎／景と情／加上説とその周辺／**個の根拠**―嬰児に託された意味／復性復初／仁斎の転回／未成熟な幼児／自然から社会へ／統治と個

◆四六判／二九四頁／三五〇〇円

仁斎論語 上

『論語古義』現代語訳と評釈

子安宣邦＝著

伊藤仁斎が生涯にわたり修訂を重ねた古義学的注釈学の成果『論語古義』。その現代語訳に著者の評釈を加えた本書は、「仁斎とともに『論語』を読む」ことを志した市民講座「『論語古義』講読」の全記録である。現代の読者における『論語』の思想体験と再発見を促す『論語』テキストの新たな基準として提示する。

[主要目次]

伊藤仁斎と『論語』

『論語古義』現代語訳と評釈 上

学而第一　為政第二

八佾第三　里仁第四

公冶長第五　雍也第六

述而第七　泰伯第八

子罕第九　郷党第十

◆四六判／三九二頁／二五〇〇円

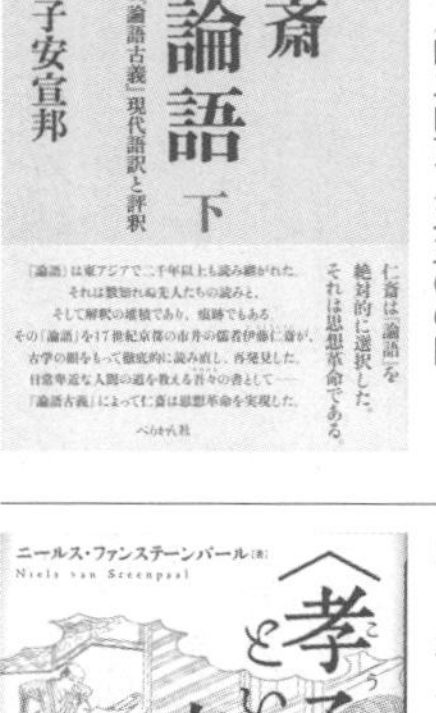

仁斎論語 下

『論語古義』現代語訳と評釈

子安宣邦＝著

伊藤仁斎が生涯にわたり修訂を重ねた古義学的注釈学の成果『論語古義』。その現代語訳に著者の評釈を加えた本書は、「仁斎とともに『論語』を読む」ことを志した市民講座「『論語古義』講読」の全記録である。現代の読者における『論語』の思想体験と再発見を促す『論語』テキストの新たな基準として提示する。

[主要目次]

『論語古義』現代語訳と評釈 下

先進第十一　顔淵第十二

子路第十三　憲問第十四

衛霊公第十五　季氏第十六

陽貨第十七　微子第十八

子張第十九　堯曰第二十

『論語古義』総論 綱領（抄）

解説 仁斎という問題

―仁斎による『論語』の絶対的選択―

◆四六判／四二四頁／二五〇〇円

〈孝子〉という表象

近世日本道徳文化史の試み

ニールス・ファンステーンパール＝著

近世日本社会で広く行われた「孝子顕彰」において、為政者から庶民まで、多様な主体によって競合的に意味づけられた「孝子」創作のプロセスを解明し、「孝」の思想と実践をつなぐ「表象」に着目することで、道徳文化史の可能性を探る。

[主要目次]

由緒としての「孝子」 在村における「孝子顕彰」

文芸としての「孝子」 道中における顕彰と「孝子万吉伝」

国風としての「孝子」 藩における顕彰と『孝婦鳴盛編』

競争としての「孝子」 藩国家における顕彰と「孝子伝集」

公儀としての「孝子」 国家における顕彰と『官刻 孝義録』

主体としての「孝子」 異国における顕彰と『近世蝦夷人物誌』

◆A5判／二一六頁／三八〇〇円

近松時代浄瑠璃の世界

韓　京子＝著

近松の時代浄瑠璃の作劇法について、能や狂言・平曲などの先行芸能や、十二段物や義経物などの先行作品の摂取と展開、そして近松が描いた日本と台湾について考察する。

［主要目次］

近松の時代浄瑠璃における趣向
趣向としての歌謡・芸能／滑稽の趣向／心底の趣向

近松の時代浄瑠璃の展開
近松の時代浄瑠璃に描かれた「執着」「執念」／近松の浄瑠璃に描かれた「武の国」日本／近松の浄瑠璃に描かれた台湾―『唐船噺今国性爺』を中心に―

時代浄瑠璃における先行作品の摂取・展開
十二段物／『源義経将棊経』の構想／浄瑠璃における富士浅間物の展開―『莠伶人吾妻雛形』・『粟島譜嫁入雛形』を中心に―／佐川藤太の浄瑠璃―改作・増補という方法―

◆A５判／二八〇頁／五五〇〇円

歌舞能の系譜

世阿弥から禅竹へ

三宅晶子＝著

能作史における中心的存在である世阿弥と禅竹に焦点を当て、作品分析を徹底して、それぞれの人とその時代的特色を明らかにする。

［主要目次］

世阿弥と禅竹　言葉の魔術師、世阿弥／耽美派、禅竹の能

創生期の能の魅力　夢と現の間／類型化以前の霊験能／禅竹のもたらした能の革新性

世阿弥の言語感覚　世阿弥は『源氏物語』を読んでいたか／「雲となり雨となる」／もみじに冷淡な世阿弥／〈砧〉に用いられる「水かけ草」／能の中の大和、共存する歌枕と実世界　ほか

世阿弥における能楽論と能作の実態　修羅能のシテに選ばれた武将たち／軍体と砕動風／力動風再考／佐渡における世阿弥　ほか

禅竹の世界　六条御息所の変貌／〈野宮〉の作者／「飽かねやいつの寝乱れ髪」／一条兼良と金春禅竹　ほか

◆A５判／三四四頁／五八〇〇円

芭蕉の正統を継ぎしもの

支考と美濃派の研究

中森康之＝著

難解で衒学的で法螺吹き。生前から約三百年にわたって偏見にさらされ続けた支考。それにも関わらず挑戦し続けた支考。そんな支考を突き動かしていたのは何か。支考俳論を「思想としての俳諧」の視点から新たに読み解く。

［主要目次］

支考の研究
各務支考という人（一）
各務支考という人（二）
支考俳論の研究
総論　支考俳論とは何か
各論　支考俳論のキーワード
支考俳論のゆくえ
美濃派の研究
美濃派の教え
美濃派を支えたもの
美濃派の継承と断絶

◆A５判／三三六頁／五四〇〇円

改訂増補　絵本と浮世絵

江戸出版文化の考察

鈴木重三＝著
木村八重子＝編

江戸後期の文芸を理解するには、浮世絵と草双紙と歌舞伎が必須である――文学・美術・芸能に渉る博識をもって江戸時代の絵入版本と、浮世絵について先駆的な研究を重ねた鈴木重三（一九一九－二〇一〇）。文学と絵画との有機的関連と提携の面に主眼を置き、江戸時代の文物を考察した書誌学的論集『絵本と浮世絵―江戸出版文化の考察』（一九七九・美術出版社）を生前の著者の意向を反映し改訂増補。

［主要目次］

カラー口絵（八頁）
第一部　絵本／第二部　浮世絵
所収論文・自選主要著作発表順一覧／索引

◆A５判／上製貼函入クロス装／七六〇頁／一八〇〇〇円
◆呈内容案内

会沢正志斎の晩年と水戸藩

国立国会図書館所蔵『会沢正志斎書簡』解題と翻字

井坂清信＝著

江戸時代後期の水戸藩儒であり、幕末屈指の思想家であった会沢正志斎が、同じ水戸藩儒の青山延光に宛てた書簡一八〇通を翻字紹介。当時の複雑な水戸藩情・藩校弘道館・晩年の私事について述べた見解を詳細に分析した解題を併録することで、幕末政治思想史の重要な一面を明らかにする。

［主要目次］

国立国会図書館所蔵『会沢正志斎書簡』解題
安政・万延・文久期の水戸藩情と会沢正志斎／安政・万延・文久期の水戸藩校弘道館と会沢正志斎／会沢正志斎晩年の私事にわたることども
国立国会図書館所蔵『会沢正志斎書簡』翻字
『会沢正志斎書簡』関係略年表

◆A5判／四四〇頁／八〇〇〇円

〈憧憬〉の明治精神史

高山樗牛・姉崎嘲風の時代

長尾宗典＝著

高山樗牛と姉崎嘲風が共同して編み出した〈憧憬〉という造語から、明治維新以後に生を享けた青年達の新しい思考様式を探るとともに、高山と姉崎の思想形成を検証し、「誌友交際」という同時代のメディアの実態を解明することで、日清・日露戦争期の新しい思想史像を提起する。

［主要目次］

明治期における「美術」の語り方と「美学」の誕生
高山樗牛・姉崎嘲風におけるドイツ哲学の受容
日清戦後における〈憧憬〉の萌芽
世紀転換期における〈憧憬〉の精神
日露戦争期における〈憧憬〉のゆくえ

◆A5判／三六八頁／六〇〇〇円（僅少）

日本の経済思想

時間と空間の中で

川口 浩＝編

日本人の社会経済的行動の基盤となる経済思想を、中世から近代までという長い「時間」幅と、日本から中国・欧米という大きな「空間」幅の中に置き、その歴史的特質の解明に努めた共同研究の成果をまとめる。

［主要目次］

古代・中世日本の経済思想―模索の試み―／クリエムヒルトの財産／西欧・中国における文献研究の発展―十八世紀日本の比較対象として―／天保期殖産政策をめぐる思想―渡辺崋山と大蔵永常を事例に―／日本の経済思想文献のヨーロッパ言語への翻訳について―十九世紀を中心に―／徳川・明治時代の休浜替持法とその思想／明治期における地方の企業生成と経済思想―産業・世代の差異を視野に―　ほか

◆A5判／三三六頁／五二〇〇円

雑誌『第三帝国』の思想運動

茅原華山と大正地方青年

水谷 悟＝著

ジャーナリスト茅原華山率いる益進会同人が『第三帝国』という雑誌メディアを通じて展開した思想運動の実像を解明し、近代日本思想史における大正デモクラシー＝大衆社会成立の知られざる一面を描き出す力作。

［主要目次］

「益進主義」の思想形成　平和膨張的「帝国主義」の提唱／東西文明の調和／「益進主義」の鼓吹
「第三帝国」の創設　益進会同人の結集／雑誌『第三帝国』の創刊／地方青年読者たちの「益進」
「第三帝国」の理論と実践　「生活即政治」の実現／「第三帝国」の支持基盤／「模範選挙」運動の実践
「第三帝国」の思想圏　益進会の隆盛と分裂／益進会同人の「第三帝国」以後／「第三帝国」の住人

◆A5判／三六八頁／七〇〇〇円

教化に臨む近世学問
——石門心学の立場

高野秀晴＝著

日常の様々な場面で教えが広く説かれた江戸時代、期待と警戒の両義的な民衆の視線にさらされた学問の展開過程を跡づけるとともに、貝原益軒・石田梅岩といった人物が教化の場で学問なるものを語り出す局面に注目することで、近代の学校を乗り越える学問像の可能性を問い直す。

[主要目次]

学問誘導の語り—貝原益軒『大和俗訓』の場合—／「渡世」に資する学問—『河内屋可正旧記』の場合—／職分に応じた学問—その困難性—／動揺する教化—談義本を手がかりに—／「赤裸」になる覚悟／教化に臨まんとする「病」／教化による継承／「同輩」への教化と教育／石門心学への批判／「頑民」への教化—脇坂義堂『心学教諭録』の場合—

◆A5判／四一六頁／六四〇〇円

東アジアの思想対話

高坂史朗＝著

「西洋」対「東洋」という二項対立とその裏返しである〝アジアへの眼差し〟を欠いたアジア主義＝日本主義を超えて、近代日本の哲学と東アジアの歴史・宗教を語るための創造的立場と方法を模索する。

[主要目次]

東アジア比較思想史の試み
東アジアという概念／歴史観の相剋／方法としての比較／Deus・天主・でうす・하ᄂᆞ님(ハヌニム)／地動説の受容と思惟構造の変容／儒教とPhilosophyの葛藤

近代日本の哲学と東アジア
新しい世界を求めて／儒教から哲学へ／東洋と西洋の統合／種の論理と世界史的立場／植民地帝国大学に立つ哲学者／内在的超越としての大乗仏教

日本思想史の視座
日本文化論の方法と対象／日本文化を語ることのアポリア／対話と創造

◆A5判／三四四頁／五二〇〇円

徳川日本の論語解釈

黄　俊傑＝著

徳川期の日本では独自の『論語』解釈が数多く生み出された。実学に傾斜した伊藤仁斎や、政治的な体制批判と結び付けた荻生徂徠ら日本の儒者たちによる『論語』解釈を批判的に検証し、日本特有の思想的コンテクストを読み解く。

[主要目次]

中日儒学思想史のコンテクストから論じる「経典性」の意義／経典解釈における「コンテクスト的転換」—中日儒家思想史の視野から—／日本儒学における『論語』—『孟子』との比較を通じて—／護教学としての経典解釈学—伊藤仁斎—／政治論としての経典解釈学—荻生徂徠—／日本儒者の『論語』「学而時習之」解釈／日本儒者の『論語』「吾道一以貫之」解釈／日本儒者の『論語』「五十而知天命」解釈／日本儒者の経典解釈の伝統的特質—「実学」の日本的コンテクスト—

◆A5判／三九二頁／五六〇〇円

朱子学から考える権利の思想

下川玲子＝著

すべての人間には善性があり、学びによってそれが発揮されるという朱子学の思想と、すべての人間には生命権があり、それを守るための組織として政府が存在するという西洋の権利思想との親和性をたしかめ、現代日社会を支えている根本を見つめなおす。

[主要目次]

朱子学の論理と人権の論理
西洋の権利の思想—アメリカ独立宣言・ホッブズ・ロック—／朱子学の尊厳論／中江兆民における朱子とルソーの受容／近世儒教を把握する視点

朱子学の現代的諸問題
寛容論と権利の思想／武士道の論理と権利の思想／死刑廃止論と朱子学／福祉国家論と朱子学

◆四六判／二〇八頁／二二〇〇円

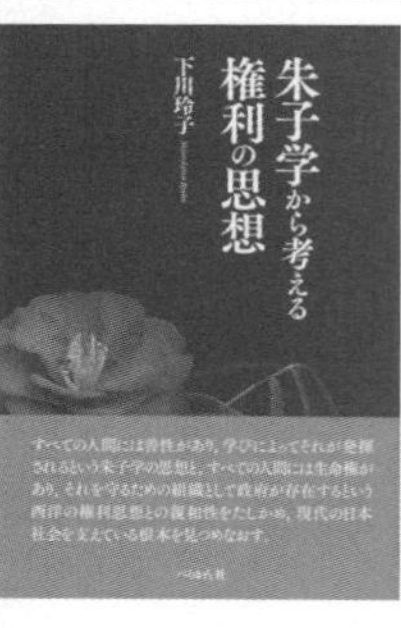

相良亨著作集 全6巻

[編集委員] 佐藤正英・竹内整一・西村道一・窪田高明・高橋文博・清水正之・高島元洋・黒住真

近世儒教・武士道・国学等の日本研究に多大な業績を残し、恩師・和辻哲郎の学をさらに深め、相良思想史学を構築した著者の代表著作と名論文を集大成。各巻、原著者による付記と編者解題を付す。

【全巻内容】
1巻=日本の儒教I（七五七三）
2巻=日本の儒教II（品切）
3巻=武士の倫理・近世から近代へ（品切）
4巻=死生観・国学（品切）
5巻=日本人論（一一六五〇円）
6巻=超越・自然（付・著作年譜）（同）
＊全巻完結

◆A5判／上製函入／各巻三八〇〜六〇〇頁／分売可

近世儒家文集集成 第1期全10巻／第2期全6巻

[編集委員] 相良亨・頼惟勤・戸川芳郎・日野龍夫

[第1期]
1巻=古学先生詩文集（品切）
2巻=絅斎先生文集（品切）
3巻=徂徠集（品切）
4巻=紹述先生文集（品切）
5巻=蛻巖集（一一〇〇〇円）
6巻=春台先生紫芝園稿（品切）
7巻=南郭先生文集（品切）
8巻=巽陰集（一九〇〇〇円）
9巻=淇園詩文集（品切）
10巻=静寄軒集（品切）
[第2期]
11巻=尺五堂先生全集（一四〇〇〇円）
12巻=鵞峰林学士文集（三八〇〇〇円）
13巻=鳩巣先生文集（品切）
14巻=灊水叢書（一三〇〇〇円）
15巻=精里全書（二〇〇〇〇円）
16巻=愛日楼全集（二六〇〇〇円）

◆B5判／上製函入／各巻二五〇〜八〇〇頁／分売可
＊第1期・第2期完結

定本 日本絵画論大成 全13巻

[監修] 小林忠・河野元昭

中世・近世の画家が、自己の芸術観を書き綴った絵画論の名著を集大成。原典に忠実な影印と翻刻に詳細な解題・解説を付す。

【全巻内容】
1巻=仏日庵公物目録ほか
2巻=本朝画伝
3巻=画筌
4巻=画道要訣・暁斎画談ほか
5巻=絵事鄙言・玉洲画趣ほか
6巻=画譚雞肋・竹洞画論ほか
7巻=山中人饒舌ほか
8巻=文晁画談・写山翁之記
9巻=絵事御返事・全楽堂日録ほか
10巻=画乗要略
11巻=画法綱領・西遊旅譚
12巻=増補浮世絵類考ほか
別巻=江戸中期絵画論拾遺
＊既刊=4巻（七六〇〇円）6巻（八六〇〇円）7巻（一一〇〇〇円）10巻（八六〇〇円）

◆A5判／上製函入／各巻三五〇頁〜六〇〇頁／各巻予一〇〇〇〇円／分売可

山東京傳全集 全20巻

[編集委員] 水野稔・鈴木重三・清水正男・本田康雄・延広真治・徳田武・棚橋正博

画文の才に恵まれ江戸戯作文学界の先頭にたった京傳の多彩な業績を集大成する初の画期的全集。各巻、校訂担当者による詳細な解題と月報を付す。

【全巻内容】
1巻〜5巻=黄表紙（全挿絵入り）
6巻〜14巻=合巻（全挿絵入り）
15巻〜17巻=読本
18巻=洒落本
19巻=滑稽本・風俗絵本
20巻=考証随筆・雑録・年譜

＊既刊
1巻・2巻・6巻・15巻 各（一二六二一円）
7巻・8巻 各（一三〇〇〇円）
3〜5巻・9巻〜18巻 各（一四〇〇〇円）
＊1巻・2巻は品切。

◆A5判／上製函入／各巻平均五五〇頁／各巻予一四〇〇〇円／分売可

季刊日本思想史・バックナンバー

- ●第18号【日本思想史の諸問題②】宣長『排蘆小船』の論理構成―山下久夫ほか
- ●第29号【地域からの思想】幕藩制下村落における「武」の伝承―高橋敏ほか
- ●第32号【運命観①】運命について―田中元　鎌倉室町期の浄土教と運命観―広神清ほか
- ●第34号【外国人の日本研究②】中国における日本文化研究の現状について―孫宗明　聖徳太子と道教思想―王勇ほか
- ●第35号【運命観②】最澄の運命観―中野雅之　運命を司る神々―三橋健ほか
- ●第40号【末法思想と終末論】内村鑑三の終末思想―原島正ほか
- ●第41号【東アジアの儒教と近代】儒教にとっての近代―子安宣邦ほか
- ●第43号【幕末改革の思想】国学者における「みよさし」論の展開―岡田千昭ほか
- ●第44号【対外観】古代にみられる中国文化への憧憬と自土意識―田崎篤朗　庶民と開国―M・W・スティールほか
- ●第45号【小林秀雄②】〈対談〉小林秀雄の文学と思想―吉田凞生・佐藤正英　小林秀雄の位置―野崎守英ほか
- ●第46号【新井白石】新井白石と菅原道真―宮崎道生　新井白石と朝鮮通信使―李元植ほか
- ●第47号【近世の神道思想】スサノヲの変貌―田尻祐一郎　近世神道思想史研究の目的と方法―安蘇谷正彦ほか
- ●第48号【近世の仏教思想】仏教的世界としての近世―大桑斉ほか
- ●第49号【朝鮮通信使】李東郭の詩二題―鈴木健一　南海の桃源郷―杉下元明ほか
- ●第50号【宮沢賢治】透明な身体を求めて―千葉一幹　宮沢賢治に関する一考察―頼住光子ほか
- ●第51号【家訓】戦国大名の家訓―佐藤和夫　近世武家家訓―小澤富夫ほか
- ●第52号【宗教と芸術】紫式部の物語観―佐藤勢紀子　世阿弥の能楽論における宗教と芸術―源了圓ほか
- ●第53号【説経節の思想】漂泊と贖罪―鳥居明雄　説経につながるもの―西田耕三ほか
- ●第54号【中江藤樹】中江藤樹の四書学―吉田公平　中江藤樹における光と闇―古川治ほか
- ●第55号【シーボルト】シーボルトの日本文化観・国民性論―宮崎道生　シーボルト　ホフマンと日本宗教―末木文美士ほか
- ●第56号【韓国の日本研究】朝鮮実学と日本古学の比較研究試論―河宇鳳ほか
- ●第57号【幸田露伴と漢学】露伴と経学―野間文史　露伴と漢詩―加藤国安ほか
- ●第58号【思想史としての『吾妻鏡』】北条時頼の祈禱―市川浩史ほか
- ●第59号【近代儒学の展開】日本における〈近代陽明学〉の成立―荻生茂博　『女四書』と近代日本―関口すみ子ほか
- ●第60号【近代日本と東アジア】東アジア三国における『海国図志』と横井小楠―源了圓ほか
- ●第61号【アメリカの日本研究―現在・未来】緒言―ヘレン・ハーデカ　徳川期の日本―ハロルド・ボライソほか
- ●第62号【生命と倫理】生命の根拠をめぐる一考察―木村純二ほか
- ●第63号【日本思想史学の誕生―津田・村岡・和辻】「国民」という思想―田尻祐一郎　日本人の一神教性―新保祐司ほか
- ●第64号【中世の神道思想】後醍醐天皇・北畠親房と伊勢神宮―白山芳太郎ほか
- ●第65号【石門心学】石田梅岩の思想―佐久間正　堵庵心学の社会的機能―山本眞功ほか
- ●第66号【東アジアの儒教と近代の「知」】「儒学知」と「脱近代的知」のはざま?―金錫根ほか
- ●第67号【近代の歴史思想】同時代史としての近代―中野目徹　明治前期における歴史考証とその淵源―大沼宜規ほか
- ●第68号【中世の禅を読む―円爾弁円とその周辺】宋禅将来の意義―菅基久子　『正法眼蔵聞書抄』における円爾批判の意義―松波直弘ほか
- ●第69号【国学論の地平】契沖学の系譜―宮川康子　歌における〈今〉の世と〈危機〉の言説―岩根卓史ほか
- ●第70号【東アジアの四書学】日本近世における「四書学」の展開と変容―辻本雅史　黄俊傑　蔡振豊　澤井啓一　張崑将ほか
- ●第71号【「靖国」の問い方】「靖国」と「ヒロシマ」―高橋秀寿　追悼の政治と占領期―長志珠絵ほか
- ●第72号【近代日本と宗教学】キリシタンをめぐる問題にいかにアプローチするか―佐久間正　近世国家の宗教編成とキリシタン排撃―大桑斉ほか
- ●第73号【霊魂観の変遷】アラヒトガミの系譜―佐藤弘夫　愛欲の骸骨・信仰の白骨―中村一基ほか
- ●第74号【村岡典嗣―新資料の紹介と展望】村岡典嗣を読む視点―前田勉　村岡典嗣の中世思想史研究―昆野伸幸ほか
- ●第75号【近代仏教】近代仏教の時代区分―林淳　明治期日本の「新しい仏教」という運動―大谷栄一ほか
- ●第76号【植民地朝鮮における歴史編纂―「併合一〇〇年」からの照射】朝鮮史編修会の組織と運用―金性玟　トランスナショナル・ヒストリーの可能性―尹海東ほか
- ●第77号【近代とノスタルジア】失われゆくものの自覚と喚起の装置としての絵画―山梨絵美子　国政四代、国貞三代、香朝楼豊斎―及川茂ほか
- ●第78号【東照宮祭祀】徳川家康の年忌儀礼と近世社会―二つの百回忌行事からの考察―曽根原理　萩藩における歴代徳川将軍家祭祀―岸本覚ほか
- ●第79号【儒教の解釈学的可能性】「未だ善を尽くさず」―文王・武王・聖人・至徳をめぐって『論語』注釈が語る思想史―ケイト・W・ナカイ　『論語大全』の思想性―学而章の大全をめぐって―末木恭彦ほか
- ●第80号【源氏物語】『源氏物語』享受の論理と倫理―板東洋介　「恋」の思想史―『源氏物語』の到達点―木村純二　六条御息所の生霊化の基底について―吉田真樹ほか
- ●第81号【朱舜水と東アジア文明―水戸徳川家の学問】「西山隠士」七十年の歳月―徳川光圀の学問、思想形成およびその文化遺産―徐興慶　彰考館所蔵の文献・書画と儒教文化―計文淵ほか
- ●第82号【近世祭祀と政治】近世日本における祀廟―為政者と祭祀―大川真　天海と法勝寺―滋賀院の前身としての法勝寺―中川仁喜　日光東照宮祭礼における東遊の性格―宝永四年の再興を中心に―山澤学　鳥取藩における歴代将軍年忌法事と大雲院―岸本覚　鹿児島東照宮の成立―百回忌法会を中心に―曽根原理　乗因の作り変えた山王一実神道―戸隠山の位置をめぐって―ケイレブ・カーター

*各巻本体価（税別）1~21号八五〇円、22~28号九八〇円、29~31号一二〇〇円、32~37号一二〇四円、38~49号一五五三円、50~60・62~65・68~70・78・82号一六〇〇円、67・71・73・80・81号一八〇〇円、61・66・72・74・75・77・79号二〇〇〇円、76号二二〇〇円